KB260021

 끝까지 살아남기

최길현 지음

기업의 성공비결과 생존방정식

위험을 감수하며 열정을 쏟아 무에서 유를 창조하는

이 땅의 수많은 기업인과 창업 준비생,

그리고 성공을 바라는 모든 사람들에게 이 책을 바친다.

신은 하늘아래 어딘가에 그대만이 할 수 있는 일을 마련해 놓았다.

– 미국의 신학자 호러스 부쉬넬 (1802~1876)

기업인구가 6백만 명을 넘고 있다. 한국의 경제활동인구 중 약 25%가 사업을 하고 있는 셈이다. 20년 전에 비해 두 배가 늘어나고 있지만 앞으로 그 숫자는 계속 늘어날 전망이다. 그리고 매년 백만 명 이상이 창업에 뛰어들고 있다. 해를 거듭할수록 창업인구가 꾸준히 늘고 있는 이유는 무엇일까? 이는 시대적 환경과 깊은 연관이 있다. 이를 나열해 보면 다음과 같다.

첫째, 전문지식인의 출현이다. 고기술을 지닌 고학력전문가들이 안정적인 취업 대신 꿈과 부를 추구하는 창업에 적극 나서고 있다. 최근에는 대학교수들까지 창업에 뛰어들고 있다.

둘째, 고용의 불안정이다. 이제는 어디에도 안정된 곳이 없으며 심지어 국가와 공공기관 조차도 고용안정을 보장해 주지 않고 있다. 이를 해결하기 위해 자신이 직접 창업에 나서고 있다.

셋째, 일하는 방식의 다양화다. 한 직장에서 일벌레처럼 일만 하는 것이 아니라 자신만의 색깔로 일하는 방식을 추구하는 사람이 많아졌다. 1인 창업, SOHO가 그러한 예다.

넷째, 진입장벽의 완화다. 그동안 상법의 개정으로 최소자본금이 삭제되고 새로운 기업형태인 유한책임회사LLC의 도입 등 창업하기 더 좋은 환경이 갖추어지고 있다.

다섯째, 각종 지원제도의 실시다. 금융기관 대출시 연대보증인 철폐와 벤처캐피탈의 확대 등 자금조달이 용이하고 시장과 판로확대에도 행정기관과 민간단체 등에 의한 매칭기회가 증가하고 있다.

여섯째, 자아실현에 대한 욕구다. 직장이란 힘들어도 참아야 한다. 그래서 월급은 참는 비용이란 말이 있다. 조직에 얽매이지 않고 자신의 독창적인 아이디어로 자신만의 개성을 살려서 일을 하고 싶다는 사람이 늘고 있다.

일곱째, 커뮤니티 비즈니스의 출현이다. 소외그룹이나 환경문제 등 지역사회에서 생기는 여러 가지 문제를 사업가적인 마인드로 접근하여 해결하고자 하는 커뮤니티 비즈니스가 새삼 주목받고 있다. 최근 일고 있는 사회적 기업이 그 대표적인 예다.

이처럼 기업하려는 인구가 늘고 있는 것은 매우 고무적인 일이다. 특히 아이디어와 열정을 지닌 젊은 세대들이 청운의 꿈을 갖고 창업의 길에 적극 나서고 있다. 문제는 일부만이 성공하고 대다수가 쓰라린 실패를 경험하고 있는 현실이다. 창업한 지 10년 이내에 생존하는 기업은 10%미만에 불과하다. 안타깝지만 이는 엄연한 사실이다. 그렇다면 뭐가 잘못된 거지? 이를 예방하는 방법은? 어떻게 해야 성공할 수 있지? 성공한 기업인들의 노하우나 비결은? 이러한 의문이 한동안 나의 머리에서 떠나지 않았다.

그래서 내가 체험하고 관찰한 내용을 책으로나마 알려야겠다는 결심을 하게 되었다. 지금까지 관찰한 바로는 기업인이 가장 빠지기 쉬운 함정은 '객관적인 눈으로 자신의 사업을 볼 수 없다'는 점이다. 과연 내가 잘하고 있는지? 내 회사의 가치는 얼마인지? 왜 나는 실패나 실수를 많이 하게 되는지 등등 자신의 시야에만 머무는 경우가 많다. 그런 점에서 기존에 해 온 자신의 사업을 다시 검토해 볼 여유와 전체를 보는 객관적인 눈을 갖게 하자는 것이 이 책을 쓴 1차적인 목적이다.

다음으로 창업을 준비하고 있거나 성공에 관심을 둔 사람들이 부담없이 읽어 볼 지침서로 활용되었으면 하는 것이 2차적인 목적이다. 나는 그동안 신용보증기금에 근무하면서 수많은 기업인들의 성공과 실패사례를 보아왔고 대학에서 관련이론과 실무를 가르쳐 왔다. 그래서 이 책을 통하여 성공을 꿈꾸는 사람들과 기업인이 마땅히 가져야 할 행동과 습관, 마음가짐과 자세는 무엇인지를 전하고 싶었다. 이를 위해 국내외 많은 기업인의 성공사례와 실패사례, 현장경험, 그리고 문헌연구를 통한 살아남는 비결을 세 부문의 핵심으로 정리한 다음 독자들이 이해하기 쉽도록 전문용어를 피하고 쉬운 문장을 쓰려고 노력하였다.

이 책을 읽으면 성공을 보장하는 것은 아니지만 성공확률을 크게 향상시킬 것으로 믿는다. 많은 사람들이 이 책을 읽고 끝까지 오래 살아남는 방법을 터득하길 바란다. 끝으로 이 책이 나오기까지 항상 힘이 되어 준 아내와 두 아들, 그리고 오랜 친구들과 선후배 제위께 거듭 감사 드린다.

저자 최길현

목차

1부

끝까지 살아남으려면
관찰하라

'어찌하여 그대는 타인의 보고만 믿고
자기 눈으로 관찰하거나 보려고 하지 않는가.'

– 이탈리아 천문학자 갈릴레오 갈릴레이 (1564～1642)

국가도 우리문제를 해결해 주지 않는다

세상에서 가장 강한 자는 혼자 힘으로 설 수 있는 자이다.

― 〈인형의 집〉의 극작가 헨리크 입센 (1828~1906)

이제는 혼자서 버는 힘을 길러야 한다. 옛날처럼 국가나 회사가 자신을 보호해 줄 거라고 믿는 사람은 가난을 벗어나지 못하는 시대가 되고 있다. 만일 스스로 해결하고 혼자서 벌 능력만 있으면 세계 어디에서나 자신과 가족을 지켜낼 수 있다. 또 어떤 비상사태가 와도, 어떤 나라에 살고 있어도 살아남을 수가 있다. 그런 능력을 키워야 한다.

뉴스를 보면 인기 있는 의사나 변호사 등의 수입이 줄고 자살과 개인파산과 같은 우울한 기사가 많이 나온다. 요즘은 직장을 나와도 일자리를 받아주는 곳을 찾기가 힘들다. 그래서 많은 사람들이 정년 없는 일자리를 갖고 있는 사람이 가장 부럽다고 말한다. 이처럼 그 누구도 자신의 미래를 보장해 주지 않는 불확실한 세상에 살고 있다. 보장해주는 것은 오직 자신의 노력과 역량뿐이다.

기업의 경우를 보자. 기업은 인건비가 싼 해외로 나가고, 기계자동화가 더욱 진행되면서 사람을 고용하지 않아도 되는 시대로 가고 있다. 구조조정은 수시로 일어나고 있으며 해고는 일상화 되고 있다. 제4차 혁명이라고 부르는 초연결사회는 앞으로 사람의 고용률을 더욱 떨어뜨릴 것이다. 그래서 지금은 정규직원이라고 해도 안정된 일자리가 아니다. 더욱이 비정규직 파견이나 계약직은 수시로 일자리가 없어지는 경우가 많다.

기업뿐만 아니라 국가라고 해서 믿어서도 안 된다. 가장 안전한 공무원조차 안전하지가 않다. 저출산과 고령화, 장기적인 경기침체에 따른 고용불안의 증가와 이에 따른 사회보장비 지출의 증가로 국가적 재정 부담이 크게 늘어나고 있다. 국가의 부채증가로 인한 재정난은 국민연금마저 지급할 수 없는 사태를 초래할 수 있다. 그리스처럼 경제파탄이나 외환위기와 같은 국가부도는 얼마든지 일어날 수 있고 세상에서 실제 일어나고 있다.

이처럼 기업과 국가 그 누구도 자신을 지켜주지 않기 때문에 가능한 한 빠른 단계에서 스스로 버는 힘을 배우고 익히는 것이 무엇보다도 필요하다. 그러면 혼자 버는 힘을 가지려면 어떻게 해야 할까? 내가 생각하는 스스로 버는 힘은 다음 네 가지로 정리해 볼 수 있다.

첫째, 자기 일을 갖는 것이다. 그 중 가장 좋은 방법은 직접 창업을 해서 기업가가 되는 방법이다. 1인 기업도 얼마든지 가능하다. 물론 기업을 하는 데는 실패와 위험을 안고 있지만 그 방면에 충분한 경험을 쌓고 수완을 익히면 평생을 스스로 벌 수 있다. 노후불안이나 정년걱정이 없는 삶을 살 수 있을 뿐만 아니라 잘되면 다음 세대까지 사업을 물려줄 수가 있다.

둘째, 기술능력을 보유하는 것이다. 주로 기술직이나 자격승 소유자가 이에 해당하는데 미용사, 조리사, 의사나 변호사처럼 자격을 가지고 있고, 그 사람이 아니면 할 수 없는 일을 가지게 되면 노후가 안전하다. 크게 돈을 벌 수 있는지 여부는 차지하더라도 어느 시대에서든 일자리를 가질 수 있다.

셋째, 물건을 파는 힘을 기르는 것이다. 어느 조직에서나 영업능력이 중요하다. 어떤 물건이든지, 상대가 누구든지 팔 수 있는 능력을 가지고 있으면 끝까지 살아남을 수 있다. 아무리 제품이 좋아도 물건이 팔리지 않으면 아무런 소용이 없다. 그래서 회사직원을 먹여 살릴 수 있는 마케팅능력을 지닌 영업맨은 어디에서나 우대를 받고 있다.

넷째, 사람을 교육하는 힘을 갖는 것이다. 학교나 전문적인 지식을 배우는 장소는 앞으로도 없어지지 않을 것이다. 왜냐하면 인간은 나이가 먹어도 지식에 대한 욕구가 사라지지 않고 전문적인 기술을 습득하는데 상당한 시간이 걸리기 때문이다. 자신이 갖고 있는 기술과 지식을 다른 사람에게 교육하는 힘을 가진 능력을 지니고 있으면 언제든지 돈을 벌어 살아갈 수가 있다.

이처럼 아무도 자신을 보호해 주거나 보장해 주지 않는 시대에서 스스로 혼자 버는 힘을 갖는 것은 매우 중요하다. 그러기 위해서는 사업능력, 기술능력, 영업능력, 교육능력 가운데 적어도 하나를 가지고 있어야 한다. 그러면 어떤 시대가 오더라도 살아남을 수가 있다. 그 중 자신의 아이디어를 가지고 이를 사업화하는 사업능력을 지닌 기업가가 누구의 간섭도 받지 않고 나이와 관계없이 오랫동안 할 수 있는 가장 좋은 방법이라고 생각한다.

그러나 명심해야 할 것이 있다. 혼자 버는 능력을 갖기 위해서는 사전에 그 스킬을 배우고 익혀야 한다는 점이다. 사전에 대비하지 않고 어떤 상황에서 행동을 취할 때는 너무 늦다. 뭔가 일어나기 전이나 조금이라도 여유가 있을 때에 행동을 취해야 한다. 유비무환이란 말처럼 설사 아무리 자신을 보장해 준다고 해두 최아에 대비히면 손해는 없을 것이다.

그들은 어떻게 높은 투자수익률을 올렸을까?

복리는 우주최대의 발명품이자 힘이다.

– 〈상대성 이론〉의 창시자 알베르트 아인슈타인 (1879~1955)

세계적으로 가장 높은 투자수익률을 올린 사람은 누구일까? 그리고 그들이 높은 수익률을 올릴 수 있었던 비결은 무엇일까? 그들의 생각과 행동은 우리와 어떤 차이가 있을까? 이러한 의문에 대한 해답의 실마리를 찾기 위해 세계적 투자가인 5명의 투자수익률을 비교한 다음 그들의 투자비결을 살펴보기로 한다.

먼저 로스차일드가문의 네이선 로스차일드(1777~1836)이다. 그는 독일계 유태인인 마이어 암셀 로스차일드의 다섯 형제 중 셋째아들로 태어났다. 21세에 영국으로 건너간 그는 로스차일드 은행을 세우고 본격적인 금융업에 뛰어들었다. 그가 생애에서 가장 높은 투자수익률을 올린 것은 1815년 6월 18일, 워털루 전쟁에서 영국군이 승리한 날이었다. 이 소식을 영국에서 가장 빨리 접한 그는 앞서 영국국채를 모두 내다 팔기 시작했다. 이를 본 사람들은 영국이 전쟁에서 패한 것으로 생각해 정신없이 영국국채를 팔아치웠다. 100파운드에 달하던 영국국채는 한때 5파운드까지 떨어졌다. 네이선이 헐값에 영국국채를 사들이고 난 후 영국군의 승전보가 울렸다. 그는 폭등하는 영국국채를 되팔아 엄청난 차익을 남기게 되었다. 5파운드에 사서 100파운드 이상에서 팔았으니 하룻밤 사이에 20배인 2,000% 이상의 수익률을 남긴 셈이다.

다음으로 앙드레 코스톨라니(1906~1999)의 이야기이다. 그는 헝가리 태생의 유태인으로 18세에 파리로 유학하며 유럽에서 '주식의 신'이라고 불리던 사람이다. 그는 1989년 어느 날 TV에서 러시아 고르바초프 대통령이 미국 레이건 대통령과 정상회담에서 '10억 달러어치의 러시아 채권을 사 달라'고 요청하는 모습을 보았다. 그때 그의 머릿속에서는 러시아가 차르**Tsar**(제정 러시아 시대의 황제)시대의 채권을 정리해야만 이 채권의 발행이 가능할 것이라고 생각했다. 그래서 1822~1910년 시기의 러시아 차르가 발행했던 거의 가치가 없는 채권을 사서 모으기 시작했다. 액면가 500프랑의 채권을 5프랑에 매수한 것이다. 그 결과는 7년 뒤에 나타났다. 1996년, 러시아는 유럽시장에서 20억 달러규모의 채권을 발행하기 위해 차르시대의 채권을 모두 갚겠다고 선언했다. 그가 5프랑을 주고 산 차르시대의 액면가 500프랑의 채권 가격이 300프랑으로 가치를 인정받게 되어 그에게 무려 60배인 6,000% 수익률을 안겨주었다.

세 번째는 존 템플턴 경(1912~2008)이다. 그는 1912년 미국의 가난한 집안에서 태어나 예일대에서 경제학을 전공하고 영국의 옥스퍼드대에서 법학석사를 받은 후 미국으로 돌아와 25살에 뉴욕의 증권사에 입사하였다. 증권업에 들어선 지 2년 후 제2차 세계대전이 일어나자 그는 '1929년 대공황 때문에 10년간 폭락한 주식시장이 활황기를 맞겠구나!'라고 직감하고 1939년 9월에 직장선배에게 1만 달러를 빌려 당시 1달러 밑으로 폭락한 104개 회사 주식을 100주씩 샀다. 이 중 34개는 파산해 퇴출당하기 직전이었다. 그러나 꼭 4년 뒤 그의 투자액은 4배로 불어났다. 망한 회사는 단 4개였다. 이후 1954년 그는 최초로 세계 주식에 분산 투자하는 '템플턴 그로스 펀드'를 만들어 1992년 회사가 '프랭클린'과 합병할 때까지 연평균 14.5%라는 놀라운 수익을 올렸다. 1만 달러가 39년 후에 200만 달러로 늘어난 셈인데 1954~1992년 기간의 수익률은 200배(20,000%)에 이른다.

네 번째는 워렌 버핏(1930~)이다. 그는 가치투자의 창시자인 컬럼비아대학 경영대학원 벤저민 그레이엄 교수의 제자가 되어 가치 있는 주식을 발굴해 매입하고 이를 오랫동안 보유하는 것으로 유명하다. 대학원 졸업 후 1956년 그의 고향 오마하에서 '버핏 어소시에이츠'라는 투자조합을 결성하여 1969년 해산할 때까지 단 한 번도 손실을 보지 않고 연평균 수익률 30%를 기록하였다. 연평균 30%라는 수익률이 얼마나 높은지는 복리계산기로 계산해 보면 아마 깜짝 놀랄 것이다. 1만 달러의 투자가 13년 후에 30만 달러로 불어난 격이니 기간수익률로 보면 30배인 3,000%에 이른다. 그 후 워렌 버핏은 1965년 버크셔해서웨이를 인수한 후 현재까지도 높은 수익률을 유지하여 세계 부자순위 3위 안에 들 정도로 여전히 전설적인 투자의 귀재로 평가받고 있다.

다섯 번째는 손정의(1957~)에 관한 이야기이다. 손정의는 제일교포 3세로 일본 남단 규슈의 사가현의 조선인들이 모여 사는 무허가 판자촌지역에서 태어났다. 어린 시절 차별과 멸시 속에서도 아버지의 격려와 지원을 받으며 자란 그는 고교 1학년 때 자퇴서를 내고 1974년 미국으로 유학을 떠났다. 캘리포니아대 버클리에서 경제학을 전공한 후 일본으로 돌아와 25세인 1981년에 직원 3명을 데리고 IT투자기업인 '소프트뱅크'를 설립하였다. 투자에 대한 그의 혜안은 2000년 알리바바의 설립자 마윈을 만난 자리에서 이루어졌다. 그는 마윈을 만난 지 단 6분 만에 2천만 달러를 투자하기로 결정하였다. 마침내 2014년 9월 19일, 마윈의 알리바바가 뉴욕증권거래소에 상장되어 손정의의 지분은 종가기준으로 747억 달러(한화 77조 9천억 원)에 이르렀다. 2천만 달러의 투자가 14년 만에 무려 3천700배의 수익률로 나타난 것이다. 매년 200% 이상의 수익률을 올린 셈이다. 이에 따라 당시 손정의 재산은 166억 달러(한화 17조 2천억 원)로 그해 일본에서 '유니클로' 회장을 제치고 최대갑부가 됐다.

이처럼 네이선 차일드를 포함한 5명의 세계적인 투자가들이 높은 투자수익률을 이룬 비결을 공통적으로 꼽는다면 다음과 같이 정리할 수 있다.

첫째, 이들이 투자한 것은 주식이나 채권이 아니라 복리상품
이다. 원금에 이자를 더하여 계속하여 증식되는 복리에 투자하
는 것이야말로 부호들이 해온 전형적인 성공비결이다.

둘째, 싸게 사서 비싸게 판다는 사실이다. 싸게 사는 방법이
란 남들이 모두 비관적이라고 생각하여 매도하거나 경제적 위
기에 처하여 남들이 투자를 망설일 때이다.

셋째, 큰 흐름을 읽을 줄 아는 안목을 가진 점이다. 이들은 멀
리보고 투자하면 반드시 보답을 받는다는 믿음을 가지고 있
는 사람들이다. 실제 역사는 기술의 힘에 의해 늘 진보해 왔다.

넷째, 검소와 절제의 생활신조를 가지고 있는 점이다. 검소
와 절제는 하루아침에 생긴 것이 아니라 오랫동안 몸에서 밴 습
관이자 행동강령이라고 할 수 있다.

여러분은 위 사실에서 무엇을 느끼고 어떤 생각을 하였는가?

살아남는 10%기업의 생존비결

세상의 일은 시작도 중요하지만 끝이 더 중요하다. 마지막으로 웃는
자가 진정한 웃는 자이다.

– 영국의 극작가 윌리엄 세익스피어 (1564~1616)

　20:80 법칙으로 불리는 파레토 법칙이 있다. 20%가 80%
를 지배한다는 뜻이다. 기업의 세계는 훨씬 더 냉혹하다. 10%
가 살아남고 90%가 사라지는 10:90의 법칙이 존재하는 세계
다. 정확한 통계는 없지만 여러 자료를 종합해 보면 10년 이
상 생존한 기업은 10%수준에 그치고 있다. 30대 그룹에 이름
을 올렸던 대기업의 경우 지난 30년간 20개가 사라지고 10
개 정도만 살아남아 있다. 2/3가 사라지는 셈이다. 이렇듯 창
업해서 지속가능한 성공기업으로 오랫동안 살아남기란 매
우 어렵다.

그렇다면 10년 이상 살아남게 된 10%기업의 생존비결은 무엇일까? 그들이 남들보다 경영능력이 탁월해서? 아니면 운이 좋아서? 여러 가지 이유와 의견이 있겠지만 내가 관찰한 핵심적인 사항은 다음 세 가지로 요약된다.

첫째, 생각의 차이다. 그들의 생각은 일반 사람들과 확실히 다르다. 가장 큰 차이는 스티브 잡스가 강조한 것처럼 늘 다르게 생각한다는 점이다. 모든 사람들이 절망하거나 비관적으로 여길 때 오히려 투자를 늘려 부를 창출한다. 전설적인 투자가인 앙드레 코스톨라니, 존 템플턴, 워렌 버핏은 다 그렇게 해서 큰 부를 이루었다. 또 다른 특징은 항상 낙관적인 생각을 가진다는 점이다. 시련이 닥쳐와도 언젠가는 반드시 호전될 거라는 긍정적인 생각이 매우 강한 사람들이다.

둘째, 습관의 차이다. 그들을 만나보면 놀랍게도 생존에 적합한 좋은 습관을 많이 지니고 있다. 좋은 습관이란 실수로부터 배우는 자세, 부지런함, 검소, 절제, 끈기, 결단 등 셀 수 없을 정도다. 그래서 훌륭한 기업가란 좋은 습관을 많이 가진 사람이라는 것을 절실히 느낀다. 그들은 결코 헛된 생각을 하지 않고 지속적이고 반복적인 행동을 통해서 좋은 습관을 많이 만들고 나쁜 습관을 줄여 나가기 위해 부단히 노력하는 사람들이다. 이것은 바꾸어 말하면 살아남지 못하는 기업가의 대부분이 나쁜 습관에 그 원인이 있다는 의미다.

셋째, 역량과 자원의 차이다. 그들은 남과 차별화된 내부의 고유한 역량과 자원을 보유하고 있다. 지속가능한 경쟁우위를 가져다주는 핵심역량과 핵심자원에 대하여 바니Jay B. Barney 교수는 다음 네 가지로 설명하였다. 즉, 기업의 성과와 이익으로 직결될 수 있는 내부보유의 가치Value, 남과 다른 독특하거나 희소하다고 여겨지는 희소성Rarity, 남이 모방할 수 없는 모방불가능성Inimitability, 경쟁회사가 다른 자원으로 대체할 수 없는 조직화Organization가 그것이다. 이를 영문 이니셜을 따서 VRIO조건으로 부르기도 한다.

그러면 위의 세 가지 차이점이 10년 이상 살아남는 10%기업의 생존비결인 이유는 무엇일까?

먼저, 그들의 생각이 역발상처럼 남과 달라야 하는 이유는 그래야만 더 큰 돈을 벌 수 있기 때문이다. 아인슈타인의 말처럼 문제를 만든 당시에 가졌던 똑같은 생각으로는 결코 문제를 풀 수가 없을 뿐만 아니라 큰 기회가 주어지지 않는다. 그래서 남과 반대로 생각하거나 다른 방식으로 접근하는 것이다.

다음으로 좋은 습관이 중요한 이유는 보통 사람들은 자신의 의지로 행동을 결정한다고 생각하지만, 사실은 그렇지가 않다. 인간의 모든 행동의 40%는 '습관', 즉 뇌에서 생각 없이 무의식적으로 몸을 움직이고 있다. 그렇기 때문에 한번 몸에 밴 나쁜 습관은 좀처럼 고치기가 쉽지 않다. 그래서 좋은 습관이 자동적으로 몸에 배도록 끊임없이 노력해야 하는 것이다. 영국의 시에도 '처음에는 우리가 습관을 만들지만 나중에는 습관이 우리의 운명을 바꾼다'는 글귀가 있다.

마지막으로 고유의 핵심역량 및 핵심자원을 보유해야 하는 이유는 남과 경쟁에서 우위를 점하기 위해서다. 내가 접촉한 많은 기업인은 자기회사는 좋은 역량과 자원을 가지고 있어서 크게 성공할 것이라고 장담하지만 지나놓고 보면 그런 기업은 많지 않다. 앞서 말한 핵심적인 네 가지 VRIO조건을 갖추지 않았거나 일부만 갖추었기 때문이다. 설사 경쟁우위를 점하고 있다 해도 단기적인 경우에 그치고 오래 지속되지 못한다.

이처럼 생각, 습관, 역량 및 자원이라는 각각의 사소한 차이가 기업을 사라지게 하느냐, 오래 살아남게 하느냐를 갈라놓는다. 이렇게 볼 때 「기업의 지속가능한 생존방정식 = 생각 X 습관 X 역량 및 자원」으로 나타낼 수 있다. 그러나 이 가운데 가장 중요한 것은 무엇일까?

다름 아닌 생각이다. 우동의 본질은 면인 것처럼 기업의 본질은 사람이며 사람의 본질은 생각이다. 결국 생각의 차이가 기업의 성패를 좌우한다는 사실을 내가 그동안 경험과 관찰에서 얻은 결론이자 확신이다.

자본주의 파워 – 앙트레프레너

지금 이 순간에도 세상에는 부의 창출을 방해하는 모든 어리석음과 나쁜 생각들이 작동하고 있지만, 우리에게 희망을 주는 특별한 종류의 사람들도 있다. 바로 앙트레프레너다.

기업가를 지칭하는 앙트레프레너 **Entrepreneur** 를 최초로 학문 용어로 정의한 프랑스 경제학자 리샤르 강티용(1680~1734)이 사후 1775년에 출간된 그의 저서 〈상업일반에 대한 에세이〉에서 한 말이다. 그는 앙트레프레너의 정의를 '위험을 무릅쓰고 시장에서 교환행위를 주도하여 불확실한 소득을 올리는 사람'이라고 하였다. 그 뒤 슘페터는 앙트레프레너를 창조적 파괴과정을 통해 경제발전을 주도하는 혁신가로 정의하였고 프랭크 나이트는 불확실성을 감수한 보상으로써 이윤을 얻는 위험감수자로서의 역할을 강조하였다.

기업가정신의 개척자인 이스라엘 커즈너는 경제적 불균형 상태에서 기회를 발견하고 이익을 창출하여 불균형한 시장경제를 균형 상태로 변화시키는 중개자로서의 역할에 중점을 두었다. 경제 비평가인 조지 길더의 앙트레프레너에 대한 정의는 훨씬 폭넓은 의미를 보여준다. 그는 앙트레프레너란 땀과 노력, 그리고 희생에 의해서 이루어지며, 그들은 신의 법칙과 세상이 돌아가는 법칙을 아는 사람들이라고 정의하면서 그들이 경제활동의 영웅임을 강조하고 있다.

이렇듯 기업가를 일컫는 앙트레프레너에 대한 정의는 다양하지만 학자들의 관점을 종합해 보면 두 가지 구분되는 시각이 존재한다. 하나는 대중에게 잘 알려져 있는 의미로 자기 회사를 운영하는 사람들을 지칭하는 스타트업 창업가를 뜻한다. 두 번째 시각은 조셉 슘페터가 정의한 것으로 혁신가인 이노베이터Innovator를 의미한다. 슘페터는 다른 사업과 별 차이 없이 '남을 따라하는 앙트레프레너'Replicative entrepreneur와 현재의 사업방식을 없애고 새로운 아이디어로 사업을 하

는 '혁신적 앙트레프레너'Innovative entrepreneur로 구분한
다. 또 소규모 사업과 고성장 사업으로 구분한다. 소규모 사업
과 고성장 사업은 성공적인 경제에서 모두 중요한 역할을 담당
하지만 이 두 조직은 궁극적으로 매우 다르다.

이처럼 스타트업 창업가와 고성장을 추구하는 혁신적 앙트레
프레너를 합쳐서 앙트레프레너라고 부르지만 우리가 그냥 앙
트레프레너라고 말할 때는 '혁신을 통해 새로운 고객가치를 창
출하는 창업가'를 뜻한다. 여기서 고객가치란 제품이나 서비
스 자체가 아니라 고객의 문제를 해결하고 그들의 욕구를 충
족시키는 솔루션을 제공한다는 개념이다. 반대급부로 앙트
레프레너는 시장에서 그 가치를 인정받아 경제적 부를 획득
할 수 있는 기회를 얻게 된다. 그러면 구체적으로 앙트레프레
너는 어떤 사람인지를 살펴보기로 하자.

일단 시작하는 사람

우리주변을 보면 샐러리맨으로 편히 살 수 있는데도 불구하
고 창의적 발상으로 불확실한 사업에 뛰어드는 사람들이 있
다. 이른바 혁신창업가다. 앙트레프레너의 어원을 보면 '착수하
다', '시작하다' 라는 프랑스어 entreprendre에서 유래되었

다. 단어의 유래에서 보듯이 앙트레프레너는 바로 시작하는 사람을 말한다. 생각만 하는 것이 아니라 그 구상을 사업으로 연결하여 시작하는 사람을 의미한다. 더 쉽게 말하면 일을 저지른 사람이다. 사람들은 좋은 사업 아이디어가 있어도 실천하지 못하거나 지금은 시기가 아니라고 해서 망설이는 경우가 대부분이다. 그런데 앙트레프레너는 판단이 서면 눈치 안보고 일단 시작하는 사람이다. 신생 창업기업을 뜻하는 영어의 스타트업도 '시작'을 내포하고 있다. 생각한 바를 망설이지 않고 즉시 실천하는 사람 – 그가 바로 앙트레프레너.

기회의 발견자

미래는 불확실성의 연속이다. 아무도 알 수 없는 안개속의 세상과 같다. 그런데 앙트레프레너는 늘 이익과 손실이 불확실한 시장에서 기회를 끊임없이 찾아내는 사람이다. 그래서 피터 드러커는 '기회를 발견하고 그것을 개척하는 기업만이 번영하고 성장한다'라고 말하고 있다. 그에 따르면 기회의 존재는 세 가지 질문에 의해 발표된다.

첫째, 사업을 약화하고 있는 제약은 무엇인가

둘째, 사업 내에서 불균형이 있는 것은 무엇인가

셋째, 사업에 대한 위협으로 두려워하는 것은 무엇인가

이스라엘 커즈너 역시 앙트레프레너가 얻는 이윤이란 위험에 대한 보상이나 불확실성에 대한 대가가 아니라 발견에 대한 보상이라고 주장하고 있다. 이러한 주장은 슘페터의 혁신을 통한 '창조적 파괴자' 나 '프랭크 나이트의 '불확실성을 짊어진 자'와는 아주 이색적이다. 그는 앙트레프레너란 이전에 주목받지 못한 이윤의 기회를 발견한 사람으로 정의하고 발견자가 소유자여야 한다는 유명한 '발견의 소유자격론'을 개발하였다. 그러면서 불확실성 속에서 기회를 발견하여 돈 냄새를 맡는 앙트레프레너의 '기민성'**Alertness** 이야말로 시장경제의 원동력이고 기업가정신의 핵심이라고 말하고 있다. 이처럼 앙트레프레너는 기민한 행동으로 남이 보지 못하거나 간과한 시장에서 이윤의 기회를 발견하는 사람이다.

변화를 추구하는 사람

세상은 변화를 통해 혁신되고 창조된다. 창조는 간단히 말해서 고객을 대신해 새로운 가치를 만들어 내는 일이다. 그래서 기업은 늘 변화를 쫓아간다. 드러커는 앙트레프레너란 '변화를 탐구하고 변화에 대응하며 기회를 극대화하는 사람'으로 정의하였다. 이처럼 앙트레프레너는 변화에 기회가 있다고 생각하는 사람이며 변화를 통해 세상을 바꾸는 사람이다. 엘론 머스크는 혁신적인 생각을 통하여 지금 우리가 살고 있는 세상을 바꾸고 있다. 그런데 변화를 추구하려면 혁신적인 행동이 필요한데 이것이 소위 기업가정신이다. 기업가정신이란 변화에 진취적으로 대응하고 도전하며, 늘 새로운 기회를 포착하기 위해 혁신적 사고와 행동을 하고, 그로 인해 개인 또는 조직, 국가와 사회 전반에 새로운 가치를 창조해 나갈 수 있는 태도나 역량에 관한 일련의 활동과정을 말한다. 이런 측면에서 앙트레프레너는 기회를 얻기 위해선 변화를 추구해야 하고 변화를 추구하기 위해선 남다른 기업가정신이 있어야 한다.

욕망을 지닌 압축성장가

지구상에는 앙트레프레너가 되기 위해 수많은 사람들이 도전을 계속하고 있다. 왜 그들은 앙트레프레너가 되려고 할까? 여러 가지 이유가 있겠지만 가장 큰 동기는 부에 대한 인간의 욕망 때문이라고 생각한다. 샐러리맨은 한몫에 돈을 벌기가 쉽지 않지만 앙트레프레너는 남들이 평생 벌어야 할 돈을 짧은 시간에 벌겠다는 욕망을 지닌 압축성장가라고 말할 수 있다. 그래서 기꺼이 위험을 감수하며 창업에 뛰어드는 것이다.

그러나 처음 창업을 할 때는 '밥만 먹고 직원들 월급만 주면 되지'하며 시작하다가 나중에는 사업이 크게 성공해도 절대 멈추지 않고 더욱 확장하려고 한다. 그만하면 성공했다고 해도 만족하지 않는 이유는 인간의 본성에는 채워도 만족되지 않는 그 무엇이 있기 때문이다. 그 무엇이란 바로 욕망이라고 생각한다.

왕조시대에는 전쟁을 통하여 영토를 확장함으로써 통치를 꾀하였으나 지금은 그런 시대가 아니다. 그렇다고 인간의 욕망이 사라지는 것은 아니다. 이제는 왕조 대신 앙트레프레너가 자신의 기업왕국을 세워서 새로운 영역을 확장하고 자신의 경영철학을 펼치며 부를 축적하고 싶어 한다.

성과로 말하는 사람

샐러리맨의 마인드셋Mindset과 앙트레프레너의 마인드셋과는 분명 차이가 있다. 샐러리맨의 경우는 주어진 시간에 출근하여 매일 거의 같은 일을 상사의 지시에 따라 수행하고 업무를 마치면 퇴근을 한다. 그리고 거의 안정된 월급을 받는다. 그 기준은 시간당 얼마로 계산되는 '시급'이 기본이다. 아르바이트나 비정규직인 경우에도 모든 급여기준은 시급이 적용된다.

반면에 앙트레프레너의 경우는 매일 변화된 일을 자신의 판단으로 선택하여 실력대로 월급을 받는 구조다. 많이 벌면 많이 가져가고 적게 벌면 적게 가져가는 '성과급' 형태의 월급이다. 그러므로 앙트레프레너는 성과가 모든 것이다. 성과를 내지 않으면 돈이 들어오지 않기 때문에 샐러리맨보다 몇 배 더 노력하고 일을 한다. 이처럼 샐러리맨의 마인드셋은 몇 시간 일을 했는가 하는 '시간'의 개념이고 앙트레프레너의 마인트셋은 '성과'의 개념이어서 앙트레프레너는 항상 성과를 중시하고 반드시 성과로 증명해야 한다.

평범하기를 거부하는 사람

미국이 독립을 선언하기 직전인 1776년 1월, 정치가 토머스 페인의 〈상식〉에 쓰인 '앙트레프레너의 신조'Entrepreneur's Credo 속에는 앙트레프레너가 된다는 의미를 '평범한 인간보다는 계산된 위험을 감내하고, 꿈을 꾸고 일으켜 세우며, 실패하고 성공하기를, 또한 최대한의 수준까지 인생에서 주어지는 도전들을 선호하며, 어떠한 위협 앞에서도 굴복하지 않고 자랑스럽게, 두려움 없이, 올곧게 서서, 스스로 생각하며 행동하고, 내가 창조한 것들을 누리며, 담대하게 세상에 맞선다'는 내용의 시가 있다. 어쩌면 이것이 미국의 힘일지도 모른다. 앙트레프레너는 우선 평범하게 살기를 거부한다. 적어도 부의 측면에서만은 평등하지 않기를 바라는 사람들이다. 능력이 있으면 더 나은 생활을 하고 대우를 받는 것이 자본주의가 추구하는 이상이자 권리다. 따라서 앙트레프레너로서 남과 다른 무언가를 이뤄내는 삶을 살겠다는 것은 국가와는 무관한, 스스로의 선택이자 권리하고 말할 수 있다.

또 다른 이름들

경제학에서는 기업을 위험 애호가, 가계를 위험 회피자, 정부를 위험 중립자라고 정의한다. 이윤을 추구하는 기업의 속성상 더 많은 이윤을 얻기 위해 위험을 선호한다고 가정하기 때문이다. 오늘날에는 앙트레프레너를 부의 창출을 목적으로 시장에서 기회를 포착하고, 그가 인지하고 있는 자원의 불균형을 혁신적인 사고나 방법으로 극복하고, 끊임없이 행동하는 올바른 사람으로 정의하고 있다. 그러나 이런 학문적 접근보다 현실세계에서 앙트레프레너를 다양하게 일컫는 이름들이 있다.

- 한 번도 성공했다고 생각한 적이 없이 할 일이 많은 사람

- 하루가 짧아 늘 시간을 연장하여 사는 사람

- 돈을 찍게 만들어 모든 것을 값으로 매기고 가격을 책정하는 사람

- 일이 즐거워 금요일에는 우울해지다가 월요일에는 즐거워하는 사람

- 끊임없는 아이디어와 혁신으로 고객의 가치를 생산하는 사람

- 월급을 받는 사람이 아니라 월급을 주는 사람

- 사표를 쓰고 싶어도 못 쓰는 사람

- 문제해결 능력에 기회가 있다고 생각하는 사람

이밖에 많은 비유들이 있지만 앙트레프레너로 불리는 기업가는 미국에서 가장 존경받는 단어가 되고 있으며 이들이야말로 자본주의를 발전시키고 자본주의를 이끌어 가는 진정한 영웅이며 파워임에는 이론의 여지가 없다. 그래서 지금은 기업가에 의한, 기업의 시대가 되고 있다.

왜 실패를 반복하는가?

인류에게 있어 가장 큰 비극은 지나간 역사에서 아무런 교훈도 얻지 못한다는 데 있다.

– 〈역사의 연구〉의 저자 아놀드 토인비 (1889~1975)

한국에서 6백만 개가 넘는 기업 가운데 창업한지 3년 이내에 1/3이 사라지고 있다. 중소기업전문 금융기관인 신용보증기금이 분석한 자료에 의하면 신용보증기금으로부터 보증을 받은 기업이 부실발생 없이 생존한 기간이 평균 8.6년으로 나타났다. 이처럼 한국기업의 생존율은 매우 짧고 창업 후 3~5년의 죽음의 계곡 **Death valley**을 넘지 못하고 쓰러진 경우가 대부분이다.

미국 상무부의 통계에서도 매년 백만 명 이상이 어떤 형태로든 창업을 하지만 10년 이상 생존할 확률은 단 4%에 그치고 있다. 이렇게 볼 때 10년 이상 생존한 기업은 많아야 10%

수준에 불과하다.

　나는 창업기업에서부터 대기업에 이르기까지 수많은 기업의 성공과 실패를 보고 경험하면서 왜 많은 기업들이 똑같은 실패를 반복하는가 하는 점이 가장 안타까웠다. 아놀드 토인비의 주장처럼 기업가 역시 지나간 역사에서 아무런 교훈도 얻지 못하고 실패를 반복하고 있는 것이다. 기업가는 과거 수많은 기업의 사례에서 많은 교훈을 얻었을 텐데도 똑같은 실패를 거듭한다는 것은 쉽게 이해가 가지 않는다. 예를 들어 기업은 재무제표가 얼굴인데 재무제표를 제대로 이해하거나 아는 기업인이 많지 않고 대부분 경리나 거래세무사에만 의존한다.

　기업은 창업도 중요하지만 지속가능한 생존이 제일 중요하다. 누구나 처음 창업을 할 때는 야심찬 의욕과 계획으로 시작하지만 끝까지 살아남지 못하면 그에 따른 사회적 비용은 클 수밖에 없다. 물론 초심을 잃지 않고 투철한 사명감으로 계속기업으로서 지속가능한 경영을 실천한 기업가가 많지만 앞의 통계에서도 보듯이 대부분 짧은 생존에 그치고 있다.

　그러면 왜 그들은 실패를 반복하는 걸까? 그 이유를 정리해 보면 다음과 같다.

첫째, 경험에 의한 직감(휴리스틱)으로 경영하기 때문이다. 이는 기업가가 투자결정을 할 때 합리성이 아니라 직감 같은 느낌으로 의사결정을 함으로써 오류를 반복하는 것을 말한다. 대부분의 기업가들이 이런 오류를 범한다. 영국 런던정경대 진화심리학자 카나자와 사토시 교수는 이를 사바나원칙 **Savanna Principle**(현재를 살고 있는 우리들 뇌가 아프리카 초원에서 수렵채집 생활을 하던 환경에 최적화되어 있기 때문에 현재의 환경이 그때와 전혀 달라서 부조화가 일어나고 있다는 진화심리학설)으로 설명한다.

둘째, 망각하기 때문이다. 독일의 심리학자 에빙하우스는 인간은 어떤 것을 기억한지 1시간이 지나면 기억한 내용의 절반이상을 망각하고 약 한 달이 지나면 전체의 20%를 기억하지 못한다고 주장한다. 시간이 지나면 망각하게 된다는 에빙하우스의 망각곡선 이론처럼 많은 기업이 정작 망각하지 말아야 할 것을 망각함으로써 실패를 반복하는 이유 중 하나로 꼽히고 있다.

셋째, 다른 방법을 모르기 때문이다. 어떤 어려움에 봉착하였을 때 정책적 지원제도나 경영기법 등을 활용하면 쉽게 해결할 수 있을 텐데 그러한 방법을 몰라서 실패를 반복하게 된다. 주변에 올바른 멘토나 전문가의 도움을 받지 못하여 실패를 하게 될 때가 가장 안타깝다.

그렇다면 이러한 실패를 반복하지 않기 위해서는 어떻게 해야 할까?

먼저, 깨달음이 필요하다. 무엇이 잘못되어 있고 어디에 실패원인이 있는지를 냉철히 자각하는 것이 중요하다. 자신의 행동, 성격, 인지능력, 판단미스, 대내외환경 등 여러 가지 요인이 있겠지만 그 원인에 대한 철저한 분석과 깨달음이 뒤따라야 한다.

다음으로, 깨달음을 위해서는 배워야 한다. 많은 기업가가 바쁘다는 핑계로 배움을 소홀히 하는데 그래서는 안 된다. 잘 나가는 기업가는 바쁜 가운데에서도 새로운 지식을 끊임없이 연마하고 공부하는 것을 게을리 하지 않았다.

마지막으로, 배운 것을 익혀야 한다. 그러기 위해서는 반복을 거듭해야 한다. 사람은 몇 번이고 반복해서 익혀야 자기 자신의 것이 되고 습관으로 이어질 수 있다. 생활의 달인처럼 오랫동안 반복하여 습관적으로 몸이 먼저 반응할 정도로 익혀야 한다.

성공한 기업가들은 성공을 하려면 실수나 실패에서 배워야 한다고 주장한다. 그렇게 주장하는 이유는 그것이 실패를 반복하지 않은 최선의 방법이기 때문이다. 오죽하면 프랑스의 소설가 앙드레 지드가 이런 말을 했겠는가?

모든 것은 이미 말해졌으나 아무도 듣지 않기 때문에 언제나 다시 시작해야만 한다.

장수기업의 비밀

사업의 비결은 다른 사람들은 아무도 모르고 있는 무엇인가를 아는 것이다.

기업가라면 누구나 영속적인 기업을 만들고 싶어 한다. 그러나 현시점에서 아무리 잘 나가는 기업이라도 10년, 20년 뒤에 살아남아 있으리라는 보장은 그 어디에도 없다. 그래서 많은 기업가들이 '우리 회사가 앞으로도 끝까지 살아남기 위해서는 어떻게 해야 좋을까?'를 고민한다. 더구나 저성장이 지속되고 경쟁이 치열해지면서 기업수명이 짧아져 성장보다 생존을 더 걱정해야 하는 시대가 오고 있다.

세계적으로 보면 오래된 장수기업이 가장 많은 나라는 일본이다. 일본은 창업한지 200년 이상 기업이 3,146개가 있다. 1,000년 이상 된 기업도 7개가 있다. 일본 다음으로 200

년 이상 장수기업이 많은 나라는 독일 837개사, 네덜란드 222개사, 프랑스 196개사, 영국 186개사, 러시아 149개사, 오스트리아 142개사, 이탈리아 104개사 순이다. 미국은 짧은 건국 역사만큼 100년 이상 기업이 많지는 않지만 세계적인 기업을 자랑하는 기업들이 많다. 화학 관련기업 듀폰(1802년), 토머스 에디슨이 창업한 GE(1878년), 컴퓨터 다국적 기업 IBM(1911년) 등이 대표적이다. 한국은 100년 이상 장수기업으로 두산(1896년), 까스활명수로 유명한 동화약품(1897년), 몽고간장의 몽고식품(1905년) 단 3개에 그치고 있다. 그렇다면 이들 국가의 장수기업은 어떻게 해서 오래 살아남을 수 있었을까?

내가 관찰한 각국의 장수기업이 지닌 공통적인 특징을 보면

첫째, 가족기업 형태의 패밀리 비즈니스가 많다는 점
둘째, 사회적 책임을 다한다는 점
셋째, 스스로 변화하며 살아가는 자기 변혁력이 높다는 점
넷째, 확고한 핵심가치를 가지고 있다는 점으로 요약할 수 있다.

우선, 장수기업 중 가족기업이 많은 배경은 가족기업은 가족 간의 빠른 의사결정으로 주위 환경에 대한 기업의 적응력이 크

다는 것과 직원들의 응집력이 높고 일체감이 강하다는 것을 꼽을 수 있다. 즉, 일반 주식회사에 비해 경영에 간섭하는 사람이 적고 외부의 압력에 밀려 단기성과에 급급하기 보다는 장기적인 비전을 갖고 경영을 할 수가 있다. 일본 식료품 회사 키코만, 유럽 에르메스와 로스차일드, 미국 듀폰과 포드사가 다 가족기업으로 시작한 대기업이다. 또 가족위주의 패밀리 비즈니스는 경영권이 계승되기 때문에 비밀유지가 필요한 내밀한 경영노하우를 다음 세대의 리더에게 고스란히 전해줄 수 있는 장점이 있다.

다음으로 장수기업들이 사회적 책임을 강조한 배경에는 경영의 기본을 단기적 이익이나 돈 벌이에 우선하는 것이 아니라 장기적 번영을 지향하겠다는 것이다. 좋은 제품을 만드는 것, 종업원을 단순한 부품이 아니라 성장하는 주체라고 여기는 것, 항상 고객을 소중히 대하는 것, 기업의 사회적 책임을 다하는 것, 이 모두가 기업의 번영을 가져오는 장기적인 경영활동들이다. 또 장수기업이 많이 취급하는 업종이 인간의 기본적인 욕구를 충족시켜주는 식품, 와인, 가죽, 목공, 자기제품 등 생활과 밀접한 관련이거나 그 나라의 특산물과 깊은 연관을 갖고 있다. 이런 업종은 변화의 속도와 기능의 변화가 완만한 영역이여서 장수기업이 오래 존속하는 비밀 중 하나로 꼽히고 있다.

또 다른 배경으로 장수기업에는 앞을 내다보기 어려운 시대에도 변화를 두려워하지 않고 세대를 초월한 '변화 의지'가 매우 높은 편이다. 보통 오래된 기업을 떠올리면 전통을 굳게 지키며 자신들의 사업방식과 가치관을 고수하는 기업이미지가 떠오른다. 그러나 실제로 많은 장수기업은 회사가 추구하는 가치관과 운영방식을 견고하게 지키고 유지하면서도 세기를 뛰어넘은 새로운 환경에 적응하기 위한 놀라운 변혁력을 발휘하고 있다. 조직에 변화의 힘이 있으면 어떤 시대에도 살아갈 수가 있다. 이를 위해 기발한 아이디어, 혹은 엉뚱한 사람의 생각까지도 쉽게 받아들인다. 이렇게 장수기업들은 변화에 대한 선택과 집중력으로 위기를 빠르게 극복하고 새롭고 혁신적인 아이디어로 지속적인 경영성과를 내어 살아남았다.

마지막으로 세계적인 장수기업은 고유의 핵심가치를 지켜온 것이 자신들의 장수비결이라고 입을 모은다. 사업을 처음 시작한 창업자가 추구하는 사업의 목적은 무엇인지, 자사가 잃어서는 안 되는 강점은 무엇인지, 경영자 혹은 사업을 이을 사람이 유의할 점은 무엇인가에 대해서 명쾌한 지침과 실천 강령들이 있다. 이러한 창업자의 확고한 경영이념과 핵심가치가 후계자에게 그대로 계승되고 발전되어 이어지고 있다. 창업할 당시 팔기 시작한 오리지널 상품은 여전히 판매되고 있으며 그 근본적인 품질에는 변함이 없다. 다만 발전을 통해 보다 업그레이드된 경우가 있을 뿐이다. 이처럼 장수기업들은 핵심가치를 고수하는 장인정신으로 철저히 무장된 기업이 많다.

그러나 기업이 100년 이상 유지되려면 창업주로부터 3대나 4대에 이르고, 200년이 지속되려면 적어도 6대에서 8대까지 이어져야 한다. 그런데 아무리 경영수업을 잘 받았다 해도 어떻게 경영을 잘하는 후계자가 계속 나올 수 있었을까? 그렇다면 위의 특징과 배경 말고 그들만이 아는 내밀한 경영노하우가 있는 것은 아닐까? 그 의문들을 이 책을 통해서 독자 여러분들이 유추해 보기 바란다.

부자의 선물 – 위기

바람과 파도는 항상 가장 유능한 항해자의 편에 선다.

　　　　　 – 〈로마제국 쇠망사〉의 저자 에드워드 기번 (1737~1794)

　1997년은 한국 국민에게 가장 큰 고통을 안겨준 IMF 외환위기가 발생한 해이다. 그 당시 이유를 불문하고 한국 시장을 떠나라는 외국계 금융기관의 거듭된 시그널과 해외로의 자본유출로 마침내 한국정부는 그해 11월 21일에 IMF측에 구제금융을 신청하였다. 시간이 흐를수록 거래하는 기업의 부도가 속출하고 주가는 급락하며 환율은 급상승하기 시작했다.

　당시 외환보유고는 불과 37억 달러, 종합주가지수는 350선, 원 달러 환율은 2,000원 선이었다. IMF 외환위기는 국민생활 전반에 엄청난 변화를 몰고 왔다. 2만여 개의 기업이 부도나고 100만 명 이상의 실업자가 한꺼번에 거리로 쏟아져 나

왔다. 가계는 가계대로 얇아진 월급봉투로 생활하기 위해 허리
띠를 졸라매야만 했다.

　그런데 IMF 외환위기가 닥친 시기에 오히려 스스로 회사
를 그만두고 도전장을 내민 사람들이 있었다. 그중의 한명
이 바로 미래에셋그룹 회장 박현주다. 그는 1997년 7월에 지
금이 창업의 타이밍이라 생각하고 잘 나가는 회사에 돌연 사
표를 내고 동료와 의기투합해 '미래에셋'을 설립했다. 창업자로
서 박 회장이 던진 승부수는 한국최초의 뮤추얼펀드 '박현주 1
호'를 출시한 것이다. 당시 업계 다수의 시각은 폐쇄형 펀드
인 박현주 1호가 성공하기 어려울 것이라고 보았다. '박현주 1
호'는 2시간 30분 만에 500억 원 한도가 소진되어 모두 팔려
나갔고 약 100%의 수익률을 올렸다.
　창업에 뛰어든 그의 과감한 결단력, 발상의 전환, 기회의 선
점을 통해 금융시장에 혁신의 바람을 일으킨 그는 한국 자수
성가형 부자순위에 이름을 올리고 있으며 특히 금융계에서 자
수성가한 사례로는 거의 유일하다. 이 무렵에 디지털 신기술
을 기반으로 한 새로운 성장산업 속에서 수많은 벤처기업인들
이 성공과 실패와 재도전을 하면서 사회경제적 동력을 이끌었
고 그 과정에서 수많은 성공신화가 만들어졌다.

그리고 IMF 외환위기를 겪은 지 10여년이 지난 2008년에 또다시 미국 부동산 버블이 꺼지기 시작하면서 저소득층 대출자들이 원리금을 제대로 갚지 못하는 서브프라임 모기지 사태가 발생하였다. 이때도 기업가들이 항상 그래왔듯이 우량기업은 돈을 갚고 어려움에 처한 기업이 주로 자금요청을 호소하였다. 그래서 나는 몇몇 우량기업 사장을 만나 'IMF 외환위기 때와 같이 기회가 다시 왔으니 대출을 갚는 대신 오히려 돈을 빌려서라도 적극적으로 투자를 할 때'라고 설득하였다. 그 가운데 어느 한 사장님은 2년 후 내게 전화를 걸어와 당시 지원해준 10억 원의 돈으로 투자를 하여 3배 이상을 벌었다면서 고맙다는 말을 전했다.

2008년 서브프라임 이후에 창업한 기업으로는 게임, 앱, 바이오, 의료업종들이 많다. 특히 업종의 특성 때문인지 높은 학력과 전문기술을 지닌 사람들이 많고 심지어 이공계 출신의 교수들도 과감히 창업에 뛰어든 케이스들이 있다. 매년 포브스지는 한국부자순위를 발표하고 있지만 자수성가형 부자비중이 점차 늘고 있다. 나는 한국의 부자는 어떤 사람들인지 알고 싶어서 총자산, 매출액 순위, 상장사들의 시가총액, 주식지분 가치 등을 토대로 분석한 바가 있었는데 특히 눈에 띄는 점은 자수성가형 부자들의 창업시기가 대부분 IMF 외환위기와 서브프라임 무렵 전후가 많은 점유율을 차지하고 있다는 점이다.

한국경제에 있어서 두 번의 큰 위기는 기업가에게 위험Risk과 수익Return의 존재와 중요성을 일깨워주는 결정적인 계기가 되었고, 기업의 구조조정은 한국기업의 재무건전성과 수익성을 개선하는 데 크게 기여했다. '위기가 곧 기회'라고 하지만 사람들은 정작 위기가 닥치면 그 기회를 놓치고 나중에 후회를 한다. 위기를 성공의 발판을 다지는 사람보다 그냥 힘없이 나가떨어지는 사람들이 훨씬 많다. 그 이유는 대다수 사람들이 평소에 기회를 기회로 포착할 수 있는 준비를 하지 않았기 때문이다. 위기가 닥치는 그 순간에는 고통스럽지만 그 위기를 기회로 만들 수 있는 능력과 준비를 가지고 있으면 그것을 발판삼아 더 큰 도약을 꿈꿀 수 있다.

위기나 불황에서 돈 벌 확률은 평상시보다 10배는 높다. 지난날 IMF 외환위기와 서브프라임 사태가 기업가에게 준 가장 큰 교훈은 위기가 곧 부자의 선물이라는 것을 알게 해준 점이다. 지금 또다시 위기가 온다면 여러분은 어떻게 할 것인가? 또 주저할 것인가? 자기 자신에게 한번 물어보라.

돈을 어떻게 대할 것인가?

자본주의 사회에서 돈이 최고의 선을 만드는 이유 중의 하나는 돈이 노력과 독창성과 용기를 증명하기 때문이다. 그러니 거리낌 없이 돈을 사랑하라.

돈이란 선일까? 악일까? 많은 사람들은 돈을 벌기 위해 노력한다. 아무리 돈을 멀리하는 사람일지라도 남보다 돈이 많았으면 하는 것이 공통된 마음일 것이다. 물론 돈을 많이 가졌다고 다 행복한 것은 아니지만 행복이란 것도 결국 시간적 여유와 함께 금전적 여유가 있어야 한다. 어떤 사람은 큰돈을 벌어서 원 없이 써보고 싶다고 말하지만 안타깝게 그런 사람에게는 돈이 잘 들어오지 않는다. 세상은 돈 때문에 갈등이 생겨나고 돈 때문에 울고 웃고 괴로워한다. 그러나 돈에 얽힌 모든 문제는 돈이 문제가 아니라 빈곤이 원인이 되어 일어나고 있다. 빈곤이야말로 질투, 원망, 배신, 범죄 등을 만들어 내고 있다. 따

라서 빈곤을 벗어나기 위한 가장 좋은 방법은 스스로가 돈 버
는 능력을 가지는 것이다. 그러기 위해서는 돈의 속성을 잘 알
아야 한다. 부자들과 성공한 기업가는 돈의 속성을 잘 알고 있
다.

그들은 돈에 대해서 어떤 생각을 하고 있고, 어떤 행동실천을
하고 있는지 관찰해 보기로 하자.

첫째, 돈을 탐내는 것은 건전한 욕구이지 결코 나쁜 것은 아
니라는 생각을 가지고 있다. 이러한 마인드를 가짐으로써 돈을
좋아하는 사람이 되는 것이다. 그래서 좋아하는 돈을 더 많이
벌려고 창업을 하고 돈 버는 비법을 끊임없이 배운다. 그런데
한국인들은 '황금 보기를 돌같이 하라'는 말처럼 돈을 좋지 않
은 이미지로 생각하는 경향이 있다. 어렸을 때부터 부모로부터
그렇게 교육을 받은 탓인지 정당하게 번 돈이라도 큰돈을 버
는 것에 죄책감을 느끼는 사람들이 많다. 그렇게 되면 돈 버는
것과는 인연이 없어지게 된다.

둘째, 돈을 버는 데는 저축보다 투자에 더 써야 한다고 생각
한다. 그 이유는 저축도 중요하지만 그 이상으로 버는 것에 중
점을 두어야 돈을 벌 수 있기 때문이다. 돈은 쓰지 않으면 줄어
들지 않지만 늘어날 것도 없다. 그들에게 투자는 저축보다 비

용 대비 효과가 높다고 생각하여 투자에 관련해서는 자주 돈을 사용한다. 심지어 돈을 빌려서라도 성장에 필요한 사람을 데려오거나 기술을 향상시키는 데에 투자하는 것을 아끼지 않는다. 투자야말로 돈을 버는 가장 적합한 방법임을 그들은 잘 알고 있다.

셋째, 돈을 벌어오는 것은 사람이라는 생각을 가지고 있다. 그래서 인맥을 구축하는데 심혈을 기울인다. 보통 사람들은 친구의 수를 자랑하지만 그들은 상대방으로부터 무엇을 배울 수 있는지를 기준으로 사람을 엄선한다. 인간은 타인의 행동을 보면서 마치 자신이 행동하는 것처럼 착각하는 거울신경 Mirror neuron 을 가지고 있다. 이런 사실을 잘 알고 있는 그들로서는 자신보다 똑똑한 사람의 인맥관리에 돈 쓰는 것을 전혀 아깝게 생각하지 않는다. 인간관계에서 낸 돈은 언젠가 자신에게 돌아올 것이라고 믿기 때문이다. 그들의 가장 고수익 투자는 돈을 가져다 주는 인맥정보라고 여긴 것이다.

넷째, 돈과 관련한 결정을 감정적이 아닌 합리적으로 생각한다. 아무리 헐값이 된 상품이라도 사기 전에 '정말 필요한가?'를 생각하는 버릇이 있다. 그들은 일시적인 충동이 아닌 장기적인 관점에서 진정한 이익이 무엇인지를 합리적으로 생각한 다음에 돈을 쓴다. 반면에 돈을 벌지 못하는 사람을 보면 운이나 우연에 의해서 수입이 결정된다고 생각하고 복권이나 쾌락 등 눈앞의 충동적인 욕구에 돈을 쓰는 특징이 있다. 특히 급하고 욱하는 성격은 파산으로 이어지기 쉬운 행위이다.

다섯째, 돈은 무한하다고 생각한다. 샐러리맨은 월급이 일정한 편이여서 수입이 급격히 늘어나지 않고, 정년 때까지 받는 금액이 정해져 있어서 '돈 = 유한' 이라는 사고를 가지고 있다. 하지만 성공기업가를 포함한 부자들은 돈을 버는 수단이 세상에 널려있어 '돈 = 무한'하다는 생각을 지니고 있다. 이 틀에서 보면 노력을 하면 세상의 많은 돈을 마음껏 벌 수 있는데 왜 사람들은 돈이 한정되어 있다고 생각하는지 이해하지 못하는 것이다.

여섯째, 돈 버는 것은 '사고 → 행동 → 결과'라고 생각한다. 이는 세상의 절대법칙이며 따라서 이 법칙을 익히기 위해 노력하고 그대로 행동한다. 돈이란 정직한 것이며 돈을 벌겠다고 머리에 떠올리는 것만으로는 아무것도 변화하지 않는다. 아무리 작은 것이라도 행동하지 않으면 아무런 소용이 없다. 그 작은 행동이 몇 년 후 사람을 성공한 부자로 만들 것이라고 생각한다.

만약 여러분이 지금의 환경에 만족하고 있지 않다면 환경을 바꿀 필요가 있다. 성공한 그들처럼 자신이 얻고 싶은 결과를 얻으려면 비록 나쁜 환경에 있다 하더라도 적극적으로 뛰어들 행동력을 가지고 있어야 한다. 그러나 성공이나 돈에 너무 집착하면 불행해지기 쉽다. 왜냐하면 돈을 잃을까 봐 초조하고 불안해 하기 때문이다. 그러므로 성공한 진짜 부자들은 돈이 탐 나서 일하는 것이 아니라 일 자체가 좋아서 일하는 특징을 지니고 있다.

경제 강국은 기업가의 힘에서 나온다

이 시대의 중심문제는 이전의 시대보다 훨씬 많은 후손들을 어떻게 먹이고 입히고 취업시키느냐 하는 것이다.

1962년에 쓴 런던대학 경제학 교수인 애쉬톤**T.S. Ashton**의 책 〈산업혁명〉 종장에 나온 내용이다. 그는 영국 산업혁명 기간에 이 문제를 구제한 것은 국가의 지배자가 아니라 새로운 생산기구와 새로운 관리방법을 고안한 기지와 지략을 지닌 기업가에 의해서였다고 강조하고 있다. 산업혁명이 시작된 지 250여년이 흐른 오늘날에도 인류를 먹이고 입히고 취업시키는 문제는 여전히 큰 국가적 과제로 이어져 오고 있다. 이 과제의 상당부분을 수많은 기업가들이 해소해 주고 있다. 그래서 미국의 하버드나 영국의 옥스퍼드 대학에서 기업가들의 모임은 가장 인기 있는 사교모임 중 하나로 자리 잡고 있으며 TV프로그램 뿐만 아니라 학교 교과서에서도 이들을 존경의 대상으로 소개하고 있다.

지구상에는 수많은 국가들이 있지만 이제 한 국가의 힘은 군대와 같은 무력의 힘이 아니라 혁신적 생각을 가진 기업가에 의해서 나오고 있다. 그만큼 기업가의 영향력이 커지고 있는 셈이다. 역사적 변천과정에서 보더라도 세계경제 강국의 지위는 그 나라의 노동과 자본, 자원과 기술력보다는 오히려 기업가를 어떻게 대우했느냐에 따라 달라졌음을 알 수 있다.

15세기경 유럽에서 포르투갈과 스페인이 가장 먼저 항해모험을 통해서 경제 강국으로 탄생하였다. 포르투갈은 아프리카 서해안을 비롯한 신항로의 발견에 노력하여 해양왕국으로서의 지위를 확립하였고 스페인은 콜럼버스의 신대륙 발견으로 남북 아메리카의 개척과 식민지 건설을 독점하였다. 그러나 항해를 위해서는 뛰어난 기술력을 가진 선박 제조업자, 기업가, 모험가 등이 필요한데 당시 이 나라 왕들은 이들을 재정적으로 적극 지원하고 장려하였다.

네덜란드는 국토면적 인구 등 천연자원이 부족한 나라임에도 불구하고 기업가들이 중심이 된 현대금융과 상업제도를 구축하여 17세기를 네덜란드의 세기로 만들었다. 1602년에는 동인도회사를, 1621년에는 서인도회사를 설립하여 현대적인 의미의 '유한책임주식회사 시스템'을 완성시킨 것도 네덜란드였다. 네덜란드의 번영은 이주민들을 받아들이는 관용으로부터 시작되었다. 특히 종교의 자유를 위해 네덜란드로 온 유대인을 받아들임으로써 크게 상업이 발달하기 시작했다.

그 뒤 유럽의 변방이었던 영국은 산업혁명을 통해서 경제 강국의 기틀을 만들었다. 국가가 나서 발명과 창의를 장려하기 위해 세계최초로 특허법을 만들고 아담스미스와 같은 학자들이 자유경제규칙을 제시하였다. 미국은 한낱 영국의 식민지에 불과하였지만 세계의 이민자를 받아들이고 세계적인 기업가들을 키우고 배출시킴으로써 오늘날 최강의 경제대국 지위를 누리고 있다.

이렇듯 500여 년 동안의 역사적 발전과정에서 경제 강국의 지위는 계속해서 변화되어 왔지만 그 변화를 이끈 주체는 바로 기업가에 의한 것이었다고 해도 과언이 아니다. 물론 이들 나라가 경제 강국이 된 데에는 그 나라만의 특정 상황에 맞는 요소들도 있겠지만 핵심적인 공통요소는 국가가 역량을 총동원하여 기업가들을 적극적으로 키우고 장려하였다는 사실이다.

한국이 빈약한 농업국가에서 세계 11위권의 경제대국으로 올라설 수 있었던 배경도 국가의 지원 아래 왕성한 기업가의 활동이 있었기에 가능했다. 기업가의 대우에 따라 경제 강국의 지위가 달라져왔다는 역사적 사실은 우리가 기업가를 어떻게 대하여야 하는가를 절실히 일깨워준다. 기업가는 사람들을 먹이고 입히고 취업시키는 문제뿐만 아니라 혁신을 통해 한 나라의 경제성장을 견인하면서 인류의 삶과 세상을 바꾸고 있다. 스티브 잡스가 세계적인 IT혁명을 가져왔듯이 우리는 또 다른 혁신을 가져올 기업가를 국가적인 차원에서 적극 길러내고 우대해야 한다.

국가가 기업을 지원하는 이유

위대한 사회란 중소기업을 하는 사업가들이 자기 자신을 자랑스럽게 여기고 있는 사회이다.

– 영국의 철학자 알프레드 노스 화이트헤드 (1861∼1947)

개인이 은행에서 신용대출을 받으려면 소득이 있어야 하고 소액대출일뿐더러 이자율도 높은 편이다. 아무리 개인의 신용이 좋아도 대출한도가 제한되어 있다. 반면에 기업에 대해서는 대출규모가 크고 각종 저리의 정책자금들이 많다. 한국처럼 기업을 육성하기 위한 다양한 정책과 수많은 지원제도를 실시하는 나라도 드물 것이다. 기업과 관련된 법만 하더라도 셀 수 없을 정도다. 정부가 기업을 지원하는 방법 중에는 크게 직접 보조금을 주거나 규제를 완화하는 방법, 저리로 정책자금을 지원해 주는 방법, 그리고 세금을 감면해 주는 방법 등을 들 수 있다. 그렇다면 왜 은행과 정부는 개인보다 기업에 보다 많은 지원을 하고 각종 시책을 펼치는 것일까?

첫째, 기업은 국가적으로 고용창출과 물가안정에 큰 기여를 한다. 기업은 경제성장의 핵심이다. 경제성장을 하려면 소비, 투자, 정부지출, 수출이 각 부문별로 늘어나야 하는데 이 모든 것이 기업과 연결되어 있다. 특히 기업은 수많은 산업과 일자리를 창출하여 임금근로자에게 소득을 제공하여 소비를 촉진시킨다. 또한 기업은 저렴한 가격으로 소비자에게 제품을 공급하여 물가를 안정시킨다.

둘째, 기업은 사회혁신의 환경을 제공한다. 사회의 원동력은 혁신이다. 이 세상에는 혁신적인 아이디어를 갖고 있는 사람들이 기업을 세워 창조적 파괴를 함으로써 사회적 혁신을 이끌고 있다. 기업은 더 나은 경제행위를 위해 여러 사람이 모여 만든 문명의 이기로 기업만큼 효율적인 조직이 없다. 오늘날 문명의 발전은 대부분 혁신적인 생각을 가진 기업가에 의해 이루어지고 있다.

셋째, 기업은 국가세수에 큰 기여를 한다. 국가운영에 있어서 세수확보는 매우 중요하다. 국가가 유지되기 위해서는 각 경제주체로부터 세금을 걷어야 하는데 세금에는 종합소득세, 법인세, 부가가치세, 상속세 등 많은 종류가 있다. 개인은 요람에서 무덤에 이르기까지 각종 세금을 내고 있지만 국가세수의 대부분은 개인보다 기업으로부터 나오고 있다. 그런데 만일 기업이 이익을 내지 못하면 세수가 부족하게 될 것이고 그렇게 되면 국가재정은 어려워질 것이다.

넷째, 기업은 소비자들의 생활의 질을 높인다. 기업은 가장 품질이 좋으면서도 값싼 제품을 더 많이 만들어야 더 많이 팔 수 있다. 이 원리로 기업은 품질을 높이기 위해 치열하게 경쟁하고, 더 저렴하게 생산하기 위해 노력한다. 소비자들에게서 최고의 제품으로 인정받기 위해서 자신이 가진 자본이나 기술을 총동원하는 것이다. 그 결과로 소비자는 똑같은 돈을 갖고 더 싸고 품질 좋은 물건을 구매할 수 있어 생활이 넉넉해지고 윤택해진다. 요즘 사용하고 있는 각종 가전제품의 발달로 주부들이 얼마나 큰 혜택을 받고 있는가?

다섯째, 기업은 국가의 신뢰를 높인다. 기업제품은 해당기업 뿐만 아니라 그 국가의 이미지까지 좌우하고 있다. 한때 한국은 세계시장에서 싸구려제품만을 생산한다는 인식이 강했으나 경제개발 계획과정에서 정부주도로 기업을 지원한 결과 〈메이드 인 코리아〉브랜드의 이미지가 매우 높아졌다. 이제는 세계 최고 수준의 기술을 가진 글로벌 기업과 제품브랜드도 가지게 되었다. 독일은 마이스터 제도 등 독특한 정부의 지원책으로 자국시장뿐만 아니라 세계시장에서 경쟁력을 갖춘 중소기업이 많아 국가이미지를 크게 제고시키고 있다.

여섯째, 기업은 지역경제를 활성화시킨다. 지역에는 지역을 대표하는 기업뿐만 아니라 수많은 중소기업이 있다. 정부는 경제주체간의 불평등 해소와 지역균형발전을 위해서 지방 중소기업을 육성하고 수도권에서 지방으로 이전한 기업에게는 세금감면의 혜택 등을 실시하고 있다. 이러한 정책은 경제학적인 차원에서 한계기업 지원이라는 비판 등이 있기는 하지만 사회적인 차원에서는 지역민의 고용창출과 소득증가에 큰 기여를 한다.

이렇듯 정부가 기업을 지원하는 이유를 여섯 가지로 살펴보았지만 거시경제 측면에서 경제성장과 고용창출, 내생적성장 이론 측면에서 기술혁신과 인적자본 형성, 사회정책적 측면에서 세수확보와 공동체 균형발전으로 다시 요약해 볼 수 있다. 여기에서 알아야 할 것은 정부의 기업을 위한 지원정책이란 효율성만의 잣대가 아니라 형평을 수반한 성장을 함께 강조하고 있다는 점이다.

불과 50년 전만 해도 누가 전화기를 들고 걸어 다니며 통화도 하고, 인터넷까지 할 수 있다고 생각했겠는가? 오늘날 갈수록 기업의 중요성이 커지고 경제의 중심에는 항상 기업이 자리 잡고 있다. 기업이 시장경쟁에서 효율적인 방식이다 보니 시간이 지날수록 점점 고도화되고 발전하면서 기업이 시장을 주도하는 기업의 시대가 펼쳐지고 있다. 정부는 창업을 장려하고 벤처붐을 일으켜 세우기 위해 많은 노력을 기울여 왔다. 하지만 의도한 만큼 실효를 못 거두고 있다. 지금까지 중소기업은 대기업의 하청이라는 인식이 강하고 그래서 불리한 여건에 놓여있는 관계로 항상 보호해야 할 영역으로 다루어져 왔다. 그렇지만 앞으로는 더 많은 창업이 이루어지고 더 많은 기업들이 공정한 경쟁을 통하여 활동할 수 있도록 기존의 중소기업정책 대신 창업정책으로 전환할 필요가 있다. 기업이 많으면 많을수록 그만큼 국가에도 이익이기 때문이다.

창업경제로의 성장모델

빵을 부풀어 오르게 하는 것은 밀가루나 설탕이 아니라 효모이다. 경제를 성장시키는 효모는 무엇인가. 경제성장의 효모는 기업가다.

– 〈세계 기업가정신 발전기구〉 설립자 졸탄 액스 (1947~)

한국경제는 몇 년째 2%대의 저성장추세가 이어지고 있다. 앞으로도 이런 추세는 계속될 것으로 보인다. 그동안 고성장을 구가하며 앞만 보고 바쁘게 달려온 우리에게 성장의 정체는 일찍 경험하지 못한 충격에 가깝다. 저명한 경제학자 폴 로머는 이를 추격경제로 설명한다. 즉 어떤 기업이나 국가가 기술선도국을 추격하면 빠른 성장을 할 수 있으나 추격을 마치고 나면 성장이 정체되면서 저성장국면에 들어간다는 것이다. 그래서인지 한국의 청년실업률은 늘고 직장의 해고바람은 거세며 많은 기업이 경영의 어려움을 겪고 있다.

한국에 국한된 이야기가 아니라 앞으로 일어날 3차 대전은 일자리 전쟁이 될 것이라는 갤럽 최고경영자 짐 클리프턴의 예고처럼 사정은 달라도 많은 나라가 일자리 창출에 역점을 두고 있다. 초연결 지능사회로 가는 4차 산업혁명이 이미 시작된 가운데 국가 간에 혁신기술을 선점하기 위한 경쟁이 치열하다. 한국경제가 당면하고 있는 과제 역시 저성장에 따른 일자리 창출과 혁신기술을 통한 경쟁력 확보로 요약된다. 이를 위해서 나는 경제성장 모델을 창업경제Entrepreneurial economy 모델에서 찾아야 한다고 주장한다.

창업경제의 모델이란 단순한 창업이 아니라 지식기반의 활발한 창업을 통한 경제성장 방식을 말한다. 전통적 생산요소인 노동과 자본의 관리경제Managed economy 모델로는 성장에 한계가 있기 때문에 여기에 지식을 추가해 기술, 혁신, 창의적 아이디어를 지닌 지식의 내생적 변수로 성장의 엔진을 끌어올려야 한다는 것이 창업경제모델 방식이다. 이 모델의 특징은 유연성, 다양성, 혁신성, 융합성을 주축으로 하고 있다.

다행히 한국은 지식의 주체인 우수한 인력과 기술력을 지닌 고학력 전문가가 많다. 교육부 통계에 의하면 전국 수백 개 대학에서 한 해 수십만 명의 대학생이 졸업을 하고 대학원의 석·박사 학위 취득자가 매년 수만 명씩 배출되고 있다. 이들을 창업경제의 생태계로 적극 끌어들여야 한다. 그러나 아쉽게도 고학력 전문가의 창업은 극히 미미하다. 한 조사에 따르면 대학생의 창업 선호 비율은 10%도 안 된다. 이스라엘 대학생의 80~90%가 취업 대신 창업을 선택해 '창업 국가'로 불리고 있는 것과는 너무 대조적이다.

이처럼 창업이 저조한 이유는 법과 지원 제도가 없어서가 아니다. 다른 나라에 비해 손색없을 정도로 다수의 관련법과 지원제도가 존재하는데도 창업을 꺼리는 근본적인 원인은 바로 실패에 대한 두려움과 실패를 용인하지 않은 사회적 분위기 때문이다.

그러면 고학력 전문가에 의한 창업경제를 활성화하려면 어떻게 해야 할까?

무엇보다 자금**Capital**, 컨설팅 교육**Consulting**, 환경**Circum-stance**의 3C 정책이 필요하다. 자금은 창업에 있어서 가장 중요하다. 그러나 지원규모가 작고 대부분 융자형태로 이루어져 실패 시 신용불량자가 되기 쉽다. 따라서 융자가 아닌 투자형태의 지원을 대폭 늘려야 한다. 이스라엘 정부와 민간이 4

조 원 넘게 함께 조성한 요즈마 펀드는 담보 없이 아이디어와 기술만으로 시작하는 창업가들에게 실질적인 자금조달 역할을 하고 있다.

창업컨설팅 교육은 창업의 성공률을 높이고 실수를 최소화하는 데 도움을 주는 중요한 요소다. 창업에는 모험이 뒤따르는 만큼 많은 경험과 실무지식을 필요로 한다. 이를 위해 대학이 창업에 필요한 교육을 실시해야 한다. 미국 스탠퍼드대의 D스쿨, 한국 카이스트의 K스쿨이 그 좋은 예다. 다행히 현재 한국대학에 수천 개가 넘는 창업동아리가 활동 중이고 창업 강좌가 계속 늘고 있다.

그러나 가장 중요한 것은 실패를 해도 이를 포용하고 다시 설 수 있는 사회적 환경을 조성하는 일이다. 실패는 넘어지는 것이 아니라 아이디어를 찾는 과정이며 노력하고 있다는 증거다. 따라서 실패 시 허용할 수 있는 손실규모를 정하고 재창업을 유도하는 실질적인 재기지원제도를 대폭 확대할 필요가 있다.

실리콘밸리에서 많은 실패가 발생해도 끊임없이 투자가 일어난 이유는 실패를 통해 혁신이 일어난다는 사실을 그들은 잘 알고 있기 때문이다. 아무것도 하지 않아서 실패를 하지 않는 것보다 실패를 통해서 발견의 기회를 얻는 것이 훨씬 더 나은 방법이다. 실패도 일종의 노력이다. 일찍이 달라이 라마는 '아홉 번 실패했다는 것은 아홉 번 노력했다는 뜻이다'라고 말한 바 있다.

이제는 노동과 자본만을 투입한다고 해서 경제성장이 되는 시대가 아니다. 아무리 돈을 찍어 내어 풀어도 좀처럼 나아지지 않는 경제현실이 이를 증명하고 있다. 지식이 가미되어야 한다. 지식은 혁신의 원천이고 혁신은 기술의 진보를 낳는다. 한국경제가 안고 있는 저성장을 극복하고 일자리 창출과 혁신기술을 이루기 위해서는 지식을 기반으로 한 창업경제 모델로의 전환이 더욱 절실하다.

2부

끝까지 살아남으려면
혁신하라

'당신이 항상 그런 식으로 해왔다면
그것은 아마 잘못된 것이다.'

– 미국의 발명가 찰스 케터링 (1876~1958)

기업인에게 권하는 핵심노트

성공한 사람과 실패한 사람의 차이점은 더 나은 능력이나 아이디어가 아니라 자신의 아이디어에 베팅하고 계산된 위험을 감수하며 행동으로 옮기는 용기다.

– 〈성공의 법칙〉의 저자 맥스웰 몰츠 (1889∼1975)

　내가 기업사장님들에게서 듣는 질문 중 '어떻게 하면 많은 금액을 지원받을 수 있는가?'하는 금액의 크기에 관한 내용들이 대부분이었다. 그러나 나는 '어떻게 해야 기업이 오래 가고 성공할 수 있는가?'가 더 중요한 질문이라고 생각한다. 그런데 그런 질문을 먼저 건넨 기업사장님은 단 2명에 불과했다. 자금조달이 중요한 건 맞지만 기업의 성공여부는 성과를 내느냐, 그렇지 않느냐에 달려있다. 기업이 성과를 내기 위해서는 자금조달보다 오히려 거래처의 신용유무, 핵심자원 보유, 자금결제 상황, 제품의 품질, 앞으로의 비전 등 현재와 미래에 관한 것들이어야 한다고 생각한다.

그런데 기업인은 당장 눈앞의 자금지원 여부나 금액의 크기에만 관심을 둔다. 그래서 나는 기업사장님을 만나게 될 때면 멀리 내다볼 것을 권한다. 지금보다는 내일을, 내일보다는 더 먼 미래를 내다보아야 성공할 수 있을 뿐더러 오래 살아남을 수 있다고 이야기 한다. 물론 기업가는 의욕적이고 야망이 크기 때문에 빠른 결과를 원한다는 것을 알고 있지만 빨리 가는 것보다 멀리 보고 가는 것이 더 중요하다는 것을 알아야 한다.

언젠가 자금요청을 한 기업사장님에게 높은 거래비중을 차지하고 있는 판매처와의 안전한 거래를 위해 매출채권보험에 가입해 둘 것을 권해드렸다. 매출채권보험에 가입하게 되면 거래판매처가 지급불능 상태가 되더라도 가입금액의 80%가량을 보상받을 수 있다. 나중에 판매처는 부도를 맞았지만 그 회사는 매출채권보험의 보상으로 큰 피해를 입지 않았다. 이런 경우 자금지원여부 보다 오히려 옆에서 정확한 진단을 해 주는 기업컨설팅과 같은 역할을 해주는 사람이 더 중요하다. 하지만 대부분의 기업가는 이런 부분을 놓치고 단기적인 면만을 보곤 한다.

요즘과 같은 시대는 자금공급이 넘치는 시대다. 신용만 있으면 어느 금융기관에 가도 자금을 받을 수 있다. 지금까지는 금융기관의 역할이 자금공급에 많은 비중을 두었지만 앞으로는 기업에 대한 경영컨설팅에도 관심을 기울이어야 할 것이다. 금융기관이 기업에 자금을 지원해준다 해도 적절한 지도와 멘토가 없어 실패하는 기업이 늘어나고 있기 때문이다.

그래서 나는 기회가 될 때마다 가급적 기업인의 의견을 많이 듣고 나름대로의 아는 지식과 노하우를 들려주려고 노력한다. 기업 사장님을 만나면 항상 세 가지를 당부한다. 그동안 공부하면서 얻은 지식과 체험한 내용을 근거로 말한 것이니 오해 없기 바란다.

첫째, 자금을 언제 빌려야 하느냐고 물을 때 나는 이렇게 이야기한다. 회사가 1)가장 신용등급이 좋을 때, 2)재무상태가 가장 양호할 때, 3)더 이상 자금이 필요 없을 때라고 말한다. 왜냐하면 그래야 많은 자금을 빌릴 수 있고 그것도 낮은 금리를 적용받을 수 있기 때문이다. 빌리되 마이너스 통장대출로 빌리게 되면 사용하지 않을 경우에는 이자를 내지 않아도 된다. 그리고 기다리는 것이다. 그러다 보면 반드시 대내외의 충격변수로 인하여 크고 작은 위기가 오기 마련이다. 위기에는 가장 싸게 살 수 있는 기회가 주어진다. 그때가 투자의 타이밍이 되는 것이다. 이때 여유자금과 함께 빌린 자금으로 원재료, 공장, 기계, 건물, 기업, 심지어 주식까지 평소보다 싸게 살 수가 있다. 그리고 경기가 좋을 때 팔면 큰 이윤을 얻을 수가 있다. 그런데 많은 기업인은 그렇게 하지 못한다. 항상 등급이 안 좋거나 기업환경이 어려울 때 자금을 요청한다. 그러면 대개 거절되거나 감액되어 실행된다. 자금을 빌리더라도 회사에 넣은 순간 고스란히 부채로 남게 된다. 그 빚을 언제 갚을 것인가? '가장 좋을 때 자금을 빌려서 어려울 때 투자를 하라'는 것이 내가 권하는 첫 번째 당부사항이다.

둘째, 신용등급을 높이려면 어떻게 해야 하느냐고 물으면 나는 가장 간단한 방법이 부채비율을 낮추는 것이라고 말한다. 은행이나 신용보증기관이 기업의 자금요청을 거절하는 이유는 기업신용등급이 나쁘거나 재무구조가 좋지 않기 때문이다. 그래서 부채비율 하나만이라도 낮추는 노력을 하게 되면 대체로 신용등급이 좋게 나올 것이다. 부채비율을 낮추는 방법으로는 이익을 많이 내거나 증자하는 방법이 있다. 가령 작년에 당기순이익이 10억 원이었는데 올해 30억 원이 예상되는 경우 어떻게 해야 할까? 나는 대표이사의 급여를 대폭 인상하거나 배당금을 그만큼 받으라고 말한다. 종전의 급여는 그대로 하고 인상된 급여나 배당금을 모았다가 이를 회사의 자본금 증자에 사용하게 되면 부채비율이 낮아지게 된다. 만약 늘어난 지분의 일정부분을 근로자들에게 우리사주로 나누어 주게 되면 근로자들의 사기 또한 한층 높아져 금상첨화가 될 것이다. 자본금 5천만 원, 대표자 연봉 1억 원 내외가 오늘날 한국 중소기업의 현주소다. 왜 잘 나가는 중소기업 대표자조차 급여가 낮아야 하는가?

셋째, 기업인의 가장 중요한 자세가 무엇이냐고 물으면 나는 습관이라고 이야기 한다. 수많은 사람들이 좋은 습관을 통해 삶의 변화를 꿈꾸지만, 극히 소수의 사람들만이 새로운 좋은 습관을 만들어 성공한다. 그 차이는 바로 실행력이다. 그래서 나는 바로 작은 습관 2대 원칙과 3대 실천규칙을 제안한다. 작은 습관 제1원칙은 고쳐야 할 습관을 '매일 100% 성공'시키는 것이다. 그러면 새로운 행동에 매일 조금씩 익숙해져 뇌의 입장에서 친숙하게 받아들여진다. 작은 습관 제2원칙은 '제1원칙을 반복'하는 것이다. 일상생활이 될 때까지 습관을 무한 반복해야 한다. 일관성 유지를 위해서는 작은 성공을 무한 반복하여 계속 전진할 수 있도록 각별히 유의해야 한다. 작은 습관의 3대 실천규칙은 첫째, 〈매일〉, 둘째, 〈조금씩〉, 셋째, 〈올바르게〉, 실천하는 것이다. 이렇게 〈매일〉, 〈조금씩〉, 〈올바르게〉 해야 뇌가 새로운 행동을 일상적인 행동으로 인식하게 되고, 나중에는 아무런 거부감 없이 습관으로 받아들일 수 있게 된다. 뇌는 급격한 변화에 강한 거부감을 표출한다. 그래서 실천을 통해서 조금씩 변화를 이끌어 내야 한다.

이처럼 남과 차별화된 생각, 높은 신용등급, 그리고 좋은 습관의 실천이 내가 항상 기업 사장님께 강조하는 핵심적인 포인트다.

어떻게 혁신적 사고를 창출할 것인가?

혁신이 지도자와 추종자를 가른다.

– 애플의 창업자 스티브 잡스 (1955~2011)

급격한 변화와 경제위기의 시대에 혁신이 강조되고 있다. 그래서 많은 기업들이 혁신을 외치고 실행하고 있다. 그렇지만 어떻게 혁신하고 어떻게 해야 혁신적 사고를 창출할 수 있는지 가르쳐 주는 사람은 많지 않다. 방법을 모르고 있기 때문이다. 기업의 혁신은 두 가지 이유에서 필요하다. 하나는 생존하기 위해서, 또 다른 하나는 지속가능한 발전을 위해서다.

혁신이란 이전과 확연히 다른 새로운 가치를 창출하는 행위를 말한다. 창의성이 '사고력' 혹은 '독창성'과 관련이 있다면 혁신은 '행위' 또는 '결과'와 관련이 있다. 그래서 아무리 창의적인 아이디어와 발명품이 있다 해도 결과적으로 새로운 가치를 창출할 수 없다면 혁신이라고 할 수 없다. 그런 점에서 기업의 입장에서는 창의적 사고보다 혁신적 사고가 더 중요하다. 혁신적 사고는 혁신을 지원하는 사고방식, 즉 지금까지와는 다른 새로운 가치를 창출하기 위해 뭔가 기발한 발상과 새로운 문제해결 방식을 의미한다.

그렇다면 혁신적 사고를 창출하려면 어떻게 해야 할까? 그 해답은 배움과 훈련이라고 생각한다. 사람들은 혁신적 사고를 특정개인의 전유물처럼 생각하기 쉬우나 결코 그렇지가 않다. 혁신적 사고는 태어날 때부터 선천적으로 주어진 재능이 아니라 후천적으로 배울 수 있는 기술이다. 따라서 누구나 배우고 훈련하면 혁신적 사고를 가질 수 있다. 그 혁신적 사고를 창출하기 위한 몇 가지 방법들을 소개한다.

첫째, 왜Why? 라는 의문을 자주 던지는 것이다. 원래 비즈니스나 아이디어는 왜? 를 찾는데서 시작된다. 혁신의 아이콘으로 유명한 애플도 왜? 를 찾아가는 탐험과정을 통해서 성공했다는 것이 사이먼 시넥Simon sinek 이 주장한 '골든 서클'Golden circle 이론이다. 왜? 는 어떤 사물이나 현상에 의문을 갖는 태도를 말한다. 이때 가장 중요한 점은 '만약 자신이 이

것을 하면(If), 어떻게 될까(What)?’를 생각하는 것이다. 그렇게 ‘If-what’을 계속하다 보면 의외의 좋은 생각이 떠오를 수 있다. 끊임없이 의문을 가지고 생각을 하기 때문에 많은 아이디어를 낼 수 있는 혁신적 사고법이라고 할 수 있다.

둘째, 다른 관점에서 바라보는 것이다. 다르게 본다는 것은 곧 다르게 생각하는 것이다. 다른 생각, 다른 시각, 그것이 문제를 혁신적 사고로 이어지게 한다. 그래서 혁신적인 제품과 서비스에는 어떤 요소를 다른 관점으로 봄으로써 생겨난 것들이 많다. 1979년에 소니가 출시한 ‘워크맨’은 소형화를 실현하기 위해 카세트에서 스피커의 기능을 제거하고 헤드폰으로 대체시켜 히트상품이 되었다. 일종의 뺄셈의 기술을 구현한 것이다. 다른 관점에서 보는 혁신적 사고법의 대표적인 예로 밥 에벌**Bob Eberle**이 고안한 ‘스캠퍼’**SCAMPER**가 있다. 어떤 사물이나 아이디어를 대체해 보고, 결합해 보고, 적용해 보고, 수정·확대·축소해 보고, 다른 용도로 전용해 보고, 제거해 보고, 재배치 혹은 역으로 생각해 보는 7가지 사고기법이다.

셋째, 관찰하는 것이다. 모든 창조와 혁신의 기회는 관찰하지 않는 순간 사라진다. 그만큼 관찰에는 혁신의 단서가 있고, 관찰의 결과에 따라 기업의 사업 승패가 갈라지게 된다. 따라서 하루에 5~10분 정도만이라도 관심과 흥미를 갖고 사물을 지속적으로 관찰하고 기록하는 습관을 가져보라. 비록 보잘 것 없고 무의미한 것이라도 지나치지 않고 주의 깊게 관찰하다 보면 새로운 생각이 떠오르게 될 것이다. 그런 과정에서 혁신적인 사고스킬이 연마되고 향상되는 법이다. 아마존의 창업자 제프 베조스는 어렸을 적부터 늘 관찰하고 이를 집차고에서 실험하고 만들면서 혁신적인 사고법을 터득하였다.

넷째, 뇌를 훈련시키는 것이다. 일반사람들이 사물을 보는 눈은 동일하지만 머리에서 인식하는 사물은 서로 다르다. 이런 인식의 차이가 혁신적인 사고의 소유자와 모방하는 사람의 가장 큰 차이다. 서로 다르게 인식하는 능력은 스티브 잡스에게만 있는 것이 아니다. 그래서 편하게 지내려는 뇌에게 일하도록 끊임없이 명령하는 노력이 필요하다. 뇌를 훈련시키는 방법은 먼저 차례차례 자문자답해 나가는 것으로 시작한다. 그렇게 사고를 진행시켜 나가다 보면 논리적 사고가 생기고 뇌의 사고단계 체계에 의해 아이디어가 창출되거나 발견되는 것이다.

이처럼 혁신적 사고는 기업의 생존과 지속가능한 발전을 위해 없어서는 안 될 매우 중요한 요소다. 그런 점에서 앞으로 기업의 성패는 뛰어난 개인의 역량보다 팀워크 중심의 혁신적인 사고를 지닌 사람을 얼마나 많이 보유했느냐에 따라 결정될 것이다. 앞서 몇 가지 혁신적 사고방법을 소개하였지만 이 중 가장 중요한 것은 '다른 관점에서 바라보는 눈'을 갖는 것이다. 혁신은 남들과 똑같은 사고방식으로는 절대 이루어지지 않기 때문이다. 일찍이 프랑스 소설가 마르셀 프루스트도 〈잃어버린 시간을 찾아서〉에서 이렇게 적고 있다.

진정한 발견의 항해는 새로운 땅을 찾는 것이 아니라 새로운 눈을 갖는 것이다.

기업이 오래 생존하는 법

하인에게 비밀을 애기하는 사람은 그 하인을 자기 상전으로 만드는 것이다.

– 영국의 시인 존 드라이든 (1631~1700)

비즈니스 환경이 갈수록 복잡해지면서 기업의 수명이 갈수록 짧아지고 있다. 기업수명의 감소는 기업의 크기나 경험의 풍부함, 그리고 산업 분야와 관계없이 보편적으로 나타나는 추세다. 그러나 여전히 많은 기업이 장기적 건전성보다 단기적 성과를 강조하는 방식의 전략을 고집하고 있다. 장기적인 기업 건전성을 외면한 채 단기적인 성과만을 쫓으면 결과는 어떻게 될까? 개인의 성과에만 추구하여 기업이 진정 나아가야 할 방향과 장기비전을 놓치게 된다. 그 결과 기업은 경쟁력을 잃게 된다.

그동안 고질적인 한국병이라고 불릴 정도로 무분별한 단기적 성과에 치중한 나머지 많은 기업이 도태되거나 사라졌다. 특히 한국은 빨리빨리 문화의 영향으로 기본과 원칙 대신 억지와 편법을 동원한 경우가 많았다. 이제는 기업이 끝까지 살아남기 위한 기본에 충실한 원리와 방법을 익혀야 한다. 많은 학자들이 공통적으로 지적한 기업이 오래 살아남기 위한 생존방법을 요약하면 다음 네 가지로 귀결된다.

첫째, 고객가치를 최우선으로 한다. 〈고객가치 최우선의 법칙〉이다. 기업은 이익을 찾아 세계적인 경쟁을 벌이고 있지만 어느 곳에 있든 인류의 이상적인 생활에 부합하는 가치를 창조해야만 미래의 승자가 될 수 있다. 기업의 목적은 「고객창조이며 사업은 고객부터 시작해야한다」는 피터 드러커의 명언은 유명하다. 그러나 고객을 창조하려면 고객을 만족시켜야 한다. 1990년경에 미국에서 시작된 고객만족은 고객과의 관계를 강화함으로써 제품의 구매를 촉진하고 매출과 이익을 늘리는 것이 목적이었다. 이 아이디어는 고객만족이 기업의 이익과 직결되어 있다는 사실에 배경을 두고 있다. 이제는 고객만족을 넘어 최우선적으로 고객가치의 제고에 노력해야 기업이 생존할 수 있다.

고객가치는 1) 제품브랜드 가치, 2) 제품서비스의 가치, 3)

상품이나 서비스를 제공할 수 있는 가치, 4) 고객의 문제를 해결할 수 있는 가치, 5) 담당하는 사람(예를 들어, 영업사원 등)이 느끼는 가치를 모두 합한 개념이다. 고객가치를 높이려면 최상의 품질을 갖춘 제품을 생산해야 하고, 불필요한 낭비를 제거해 적정단가로 생산해야 하며, 필요할 때 제때 공급해야한다. 그러면 고객이 비용을 지불하고도 전혀 아깝다고 느끼지 않을 것이다.

둘째, 불균형에서 기회를 찾는다. 〈기회불균형의 법칙〉이다. 기본적으로 기업이 수익을 내는 행위의 본질은 기회불균형에 있다. 다시 말하면 균형 상태에서는 별로 이익을 못 낸다. 기업가는 기본적으로 평등이나 균형이란 말을 좋아하지 않는다. 거기에는 기회가 없다고 생각하기 때문이다. 대표적으로 이탈리아의 경제학자인 파레토에 의해 많이 소개된 20:80 법칙이라 불리는 파레토 법칙의 핵심메시지는 불균형이다. 이 법칙이 기업가에게 주는 의미는 무작정 노력하는 것보다 집중해야 할 20%을 찾는 일이 더 중요하다는 것이다. 평균적인 노력을 기울이기 보다는 중요한 곳을 선택하고, 선택한 곳에 집중하는 노력을 기울여야 더 큰 기회가 주어진다.

자동차에서 20:80의 불균형을 찾은 BMW의 사례를 살펴보자. 자동차의 생명은 강력한 엔진이다. 자동차는 달리기 위

해 태어났다. 그러나 이러한 상식을 다른 관점에서 바라본 사람
이 있다. 그는 BMW의 수석디자이너였던 크리스 뱅글이다. 어
느 날 그는 이렇게 생각했다. '자동차는 자기 인생의 20%의 시
간만 달리고, 나머지 80%의 시간은 서서 보낸다. 따라서 달리
는 것보다 더 중요한 것은 서있을 때 멋진 모습을보여주는 거
다.' 이것은 자동차에 관한 관점의 전환이었다. 그래서 BMW
는 디자인에 집중하기 시작하여 큰 성공을 거두었다. 그런
데 대부분의 기업가는 현재를 보면서 미래가 어떻게 될지를 예
측하지만 소수 성공한 기업가는 미래를 내다보면서 현재 어떻
게 행동해야 할지를 생각한다.

셋째, 비밀을 유지한다. 〈비밀유지의 법칙〉이다. 기업가도 사
람인 이상 자신이 아는 비밀을 다른 사람들에게도 말하고 싶어
질 때가 있다. 그러나 다른 사람에게 말하지 않는 것이 좋다. 말
하는 순간 문제가 발생할 수 있고 의도한 결과와 다르게 나타
날 수 있기 때문이다. 기업은 이윤추구가 목적이기 때문에 어
떻게 성장했는지를 일부러 밝힐 필요는 없다. 특히 누구의 도움
으로 성장했는지를 아는 순간 그 기업은 큰 곤란을 겪을 수 있
다. 투명한 사회에서 비밀이 어디 있느냐고 항변할지 모르겠지
만 가급적 비밀은 유지되어야 한다.

250년간을 유지해오고 있는 로스차일드 가문은 정보와 재산

이 외부로 유출되는 것을 막기 위해 철저히 가족경영을 영위하였다. 경영자는 직계 남성이어야 하고 친족 간의 결혼만 허용하며 경영상황을 대외적으로 공표하지 않도록 법인이 아닌 개인 기업으로 운영하였다. 130년이 된 코카콜라의 제조법이나 60년 된 KFC의 양념은 여전히 영업비밀로 남아있다. 특허는 일정기간 경과 후에는 외부에 그 내용을 공개해야 한다는 단점 때문에 이들 기업은 특허로 등록하지 않은 채 영업 비밀을 유지하고 있는 것이다.

넷째, 사회적 확장을 한다. 〈사회적 확장의 법칙〉이다. 사회적 확장이란 외연을 넓히는 것이다. 기업은 경제적 이윤추구라는 울타리에서 벗어나 사회를 변화시키고 바꾸어 나가는 동력을 가질 때 더욱 더 오래 생존한다. 많은 기업들이 공유가치 창출과 사회적 책임을 확장시키는 것도 이 때문이다. 기업은 생산과 영업활동에 그치지 않고 환경경영, 윤리경영, 사회공헌과 지역노동자의 삶을 비롯한 지역사회에 큰 영향을 미친다. 이러한 사회적 확장이 경제, 환경, 사회 측면에서 지속적인 성과를 창출하여 지속가능한 기업의 가치를 증진시킨다.

요즘은 기업의 역할에 대한 사회적 분위기도 기업의 사회적 책임을 확장하고, 과거보다 한 차원 높아진 경영진의 윤리적 기준을 요구하고 있다. 과거 대기업은 중소기업의 뛰어난 제품을 모방하거나 시장에서 어느 정도 인정을 받고 있을 때 비슷한 제품을 만들어서 규모와 마케팅으로 이미 시장을 선점하고 있던 중소기업을 어려운 상황으로 만들기도 하였다. 그러나 기업의 이미지나 브랜드는 고객이 인지하고 신뢰하는 대상이며 기업의 사업 성과와 수익성 제고에 기여하는 바가 큰 무형자산의 역할을 한다.

　이렇듯이 기업이 오랫동안 생존하려면 고객의 가치창조에 최우선을 두어야 하고 항상 불균형이 존재하는 세상의 기회를 찾아야 하며 왜 성장했는지를 모를 정도로 비밀을 유지하고 사회공동체와 함께 성장하는 사회적 확장에 노력을 기울여야 한다. 이것이 역사적으로 성공한 기업가와 현재 성장을 거듭하고 있는 기업들에서 나타난 공통된 특징이다.

투자자와 기업가 중 누가 더 애국자인가?

일찍 책장을 덮지 말라. 삶의 다음 페이지에서 또 다른 멋진 나를 발견할 테니.

– 〈천사의 분노〉의 작가 시드니 셀던 (1917~2007)

1998년 8월 하순, 스탠퍼드 대학원생이었던 두 청년이 찾아왔다. 바로 구글의 창업자 래리 페이지와 세르게이 브린이었다. 그들은 검색엔진 구글을 두고 학업을 중단하고 창업을 할 것인지, 졸업을 해야 할지 조언을 구하기 위해 당시 썬 마이크로시스템즈의 부사장인 앤디 백톨샤임을 찾아갔다. 그는 10만 달러 수표를 그 자리에서 바로 써 주면서 당장 창업하라고 독려했다. 구글 최초의 투자유치였다. 이 돈을 종자돈으로 삼아 두 사람은 회사를 만들고 나중에 투자를 더 받아서 구글을 세계 최대 인터넷 회사로 키워냈다.

그 뒤 구글은 2004년 기업공개를 하고 벡톨샤임은 10만 달러(약 1억 원)의 투자로 20억 달러(약 2조원) 이상을 벌었다. 무려 2만 배의 투자수익률이다. 물론 구글의 창업자 또한 어마어마한 큰 부를 이루었다. 알파벳이라는 지주회사로 이름을 바꾼 구글의 가치는 현재 수백 조원에 달한다.

그런데 백톨샤임은 어떻게 선뜻 1억 원을 구글 창업자들에게 내줬을까? 투자자는 은행처럼 돈을 꿔주는 것과는 다르다. 1억 원을 모두 날려서 한 푼도 돌려주지 않아도 돌려받을 방법이 없다. 백톨샤임은 분명 구글의 미래가치를 보고 투자했을 것이다. 구글 역시 백톨샤임의 투자가 없었다면 그들의 꿈을 실현할 수 없었을 것이다. 그렇다면 이들 중 누가 더 애국자인가?

자본주의 국가는 세수에 의해 이루어지고 있는 나라이며, 개인과 기업이 납부한 세금으로 인프라를 구축하고 공공복지와 사회서비스를 실시한다. 고소득자가 존경받는 것은 다른 사람보다 많은 세금을 내고 국가의 발전에 큰 기여를 하고 있기 때문이다. 따라서 세금을 많이 내는 사람일수록 더 애국자라고 할 수 있다. 투자자와 기업가 모두 자본주의의 규칙을 따르면서 돈을 벌고 세금을 낸다는 점에서는 같지만 몇 가지 점에서 서로 차이가 있다. 그 차이를 살펴보면,

첫째, 위험측면에서 투자자는 기업가보다 위험이 적은 편이다. 투자자는 위험을 감수하면서 투자를 하지만 실패를 하더라도 다른 곳에서 성공을 하면 된다. 즉, 위험분산을 할 수 있다. 따라서 이번 투자가 플러스가 될지, 마이너스가 될지를 생각하면 된다. 만약 실패가 예상되는 경우 손실을 확정하고 철수하면 그만이고 전망이 맞으면 아무것도 하지 않아도 수익을 얻을 수 있는 세계다. 하지만 기업가는 위험분산을 할 수가 없다. 사업에 몰두해야 한다. 실패해도 무방한 것이 아니라 반드시 수익을 내야만 한다.

둘째, 요구하는 능력에서 차이가 있다. 투자자의 무기가 눈이라면 기업가의 무기는 입과 손발이라고 할 수 있다. 투자자는 찾아내는 능력을 지닌 눈이 필요하다. 어떤 것이 향후에 가치가 있고 비전이 있는가를 찾아낼 줄 알아야 한다. 반면에 기업가는 발견하고 실행하는 능력이 요구된다. 그러기 위해서는 무엇이 돈이 되는 것인지를 포착하여 이를 남에게 설명할 수 있는 입과 열심히 일하는 손발이 필요하다.

셋째, 컨트롤측면에서의 차이다. 투자자는 기업가와 밀접한 관계에 있지만 영향력을 행사한다 해도 기업을 직접 컨트롤 할 수는 없다. 비록 투자한 기업과 의견이 다르더라도 예상 결과를 지켜보는 수밖에 없다. 이에 반해 기업가는 자신의 신념과 생각에 따라 대부분의 일을 스스로 결정하고 판단한다. 그래서 기업가의 하루는 90% 결단과 10% 생각이라는 말이 있다.

넷째, 선택의 차이가 있다. 투자자는 투자거래로 인한 돈벌이와 관련이 있는 기업 말고는 다른 투자대상자가 없다. 또 사회 경제적인 측면에서 볼 때 투자자는 금융조달의 한 수단일 뿐, 있어도 그만, 없어도 상관없는 존재라고도 할 수 있다. 반면에 기업가는 굳이 투자가로부터 투자를 받지 않아도 된다. 자기자금, 금융기관, 지인 등으로부터 필요한 자금을 빌릴 수 있고 심지어 무차입 회사를 운영할 수 있다. 그만큼 자금을 조달할 수 있는 선택의 폭이 넓다.

이와 같이 투자자와 기업가 중 누가 더 애국자인가는 보는 관점과 해석의 차이에 따라 다르다. 좋은 아이디어가 자칫 사장될 수도 있는 기업의 미래가치를 보고 투자하여 성공을 거두게 함으로써 국가에 큰 세수를 가져오게 하는 투자자가 있다면 이는 기업가보다 더 애국자라고 할 수 있다. 반면에 기업가는 사회와 경제에 필요한 벌이를 만들어 사람들에게 일자리를 제공하고 그 소득으로 소비를 통하여 삶의 여유와 풍요로움을 갖게 한다는 측면에서 이 부분에 기여하는 바가 적은 투자자 보다 더 애국자라고 할 수 있다.

문제는 누가 더 애국자인가 하는 것 보다 투자자는 자금을 필요로 하는 기업가에게 원하는 금액을, 적기에 공급해 주는 것이 얼마나 중요한 것이며, 기업가는 아무리 훌륭한 아이디어와 사업비전이 있어도 원활한 자금이 공급되지 않으면 목표로 한 꿈을 달성하기 어렵다는 사실을 모두가 알아야 한다는 것이다. 투자자 손정의와 기발한 아이디어와 집념의 소유자인 마윈의 만남으로 알리바바는 대성공을 거두었다. 알리바바를 통하여 중국은 수많은 창업자를 자극하는 문화가 숨쉬는 생태계의 토양을 만들어내고 있다. 그런데 우리의 인식은 어떠한가?

경영혁신이 성공하기 위한 조건

변화를 두려워하고 지금의 상황이 유지되길 원하는 사람들 모두
가 내부의 가장 위험한 적이다.

– 〈리엔지니어링〉의 창시자 마이클 해머 (1948~2008)

기업이 너무 잘 나가거나 어느 정도 안정적 궤도에 오를 때
면 나태해지기 쉽고 반대로 위기에 처했을 때는 그에 따른 긴
급처방이 필요하다. 그럴 때 기업가는 회사조직에 활력을 불
어 줄 새로운 시도를 끊임없이 해야 한다. 그 방법의 하나가 경
영혁신이다. 몇 년 전 어느 대기업 총수가 마누라와 자식만 빼
고 다 바꿔보자는 내용의 획기적인 경영혁신을 표방한 적이
있다.

경영혁신은 새로운 생각이나 방법으로 업무를 계획하고 실천
하고 평가하는 것을 말한다. 즉, 조직구성원을 변화시키는 새
로운 계획이나 프로그램을 의도적으로 실행함으로써 기업의

중요한 부분을 본질적으로 변화시키는 것을 의미한다. 이는 현재 기업이 처한 상황, 즉 조직 내의 정체성을 극복하고 향후 지속적인 성장을 해 나가기 위해서 변화의 흐름에 걸맞게 조직을 변화시킬 대안으로 떠오르고 있다. 그러나 많은 기업들이 경영혁신을 추진해 오는 과정에서 다소 미흡했거나 무리를 하여 적지 않은 시행착오를 가져오고 있다. 이점을 결코 간과해서는 안 된다.

그렇다면 어떻게 추진해야 성공할 수 있을까?

첫째, 먼저 기업이 나아가야 할 방향이나 프로그램을 명확히 제시해야 한다. 경영혁신을 추진할 때는 무엇을 어떻게 하겠다는 비전을 위한 분명한 방향설정이 필요하다. 다시 말하면 방향이 먼저이고 그 구체적인 대안은 다음이라고 할 수 있다. 이것은 배가 항해하는데 있어서 먼저 요구되는 것은 방향을 제시해 주는 나침반이지 지도가 아닌 것과 같은 이치다. 방향이 없고 대안만 있다면 침몰하는 배위에서 갑판의자를 고치고 있는 것과 무엇이 다른가?

둘째, 신중할 필요가 있다. 경영위기에는 긴급성이 요구되기 마련이지만 동시에 중요성도 수반된다. 훌륭한 목수란 한

번 자르기 위해서 두 번 잰다는 규칙을 가지고 있는 사람이며 훌륭한 의사 또한 처방에 앞서 진단에 심혈을 기울이는 사람이다. 그런데 대부분 경영혁신이 실패한 경우는 충분한 사전적 검토를 결여한 채 너무 성급하게 추진한데서 비롯된 경우가 많다. 따라서 긴급성과 중요성 중 어느 부분만의 최적이 아니라 전체적으로 균형을 갖는 것을 최적의 목표로 삼아야 한다.

셋째, 조직원의 신뢰성을 확보해야 한다. 조직원의 합의가 없는 경영혁신은 결코 성공할 수가 없다. 또한 신뢰수준이 낮은 상황에서 이루어지는 경영혁신은 방어적이거나 보호적이 될 수밖에 없다. 일반적으로 회사조직원을 포함해서 대부분의 사람들은 변화를 두려워하기 마련이며 또한 회피하려는 것이 대응적인 사람들이 갖는 본성이다. 더욱이 업무에 대한 생산성만을 강조한 나머지 조직원을 일에 대한 평가대상으로만 보려는 것은 조직 내의 신뢰성을 떨어뜨리는 결과를 낳게 될 것이다. 생산성 향상이란 조직원 상하간의 훌륭한 인간관계 형성을 전제로 해야 되는 것이지 너무 스케줄에 얽매이게 해서는 달성될 수가 없다.

넷째, 조직원의 의식이 바뀌어야 한다. 경영혁신이란 결국 내면을 변화시켜 외부를 지향한다는 의식의 문제로 요약된다. 어느 기업이고 문제들을 발생시킨 그 당시에 갖고 있던 사고방식으로는 오늘과 내일의 산적한 문제들을 해결할 수가 없다. 냉정히 살펴보면 기업이 안고 있는 오늘의 어려움은 모든 조직원들이 어제 행한 선택의 결과에서 비롯된 것이지 외부환경이 가져다 준 것은 아니다. 그러므로 경영혁신이 성공하기 위해서는 조직원 각자가 어제와 현재에 생각하고 원하는 것들을 과감히 포기할 수 있을 때 가능하다. 그렇지 않고서는 조직원들이 문제를 바라보는 방식에는 여전히 문제가 있을 수밖에 없을 것이다.

마지막으로 경영혁신을 추진해 나가는 데 결코 잊어서는 안 될 것이 있다. 그것은 바로 각 단위부서의 업무를 보다 활성화함으로써 상부 의사결정권자의 과중한 부하를 덜어주는 방향으로 나아가야 한다는 점이다. 경영혁신이란 앞서 지적했듯이 의식의 문제이고 업무흐름의 재설계과정이기 때문에 이를 주도하는 일부 경영층에게만 지나치게 기대하는 것은 오히려 혁신의 본래기능을 약화시킬 수 있다. 그러므로 모든 조직원들이 경영혁신을 일회성의 개념이 아니라 지속적 개념인 동시에 기업이 살기위한 생존적 개념으로 받아들여야 성공할 수 있다.

많은 전문가들은 기업이 가장 안정적일 때가 가장 위험스

러울 때라고 말한다. 창업을 시작한 후 도약단계를 넘어 성숙과 안정단계에 이를 때 지속적인 성장을 할지, 아니면 내리막길을 걸을지 중요한 갈림길에 놓이게 된다. 이때 지속적인 성장을 하기 위해서는 제2창업과 같은 경영혁신이 필요하다. 그러나 경영혁신이 성공하려면 현재의 불편함 정도는 감수할 수 있다는 조직원들의 묵시적 동의가 전제되어야 한다. 그러나 그 묵시적 동의는 경영혁신의 내용이 어디까지나 조직원들의 의식과 동떨어져 있지 않고 추진하는 사람의 진정성과 일관성이 결여되어 있지 않아야 가능하다. 기업가는 이점을 간과해서는 안 된다.

사업은 제로섬 게임이 아니다

우리는 오늘 우리의 생각이 데려다 놓은 자리에 존재한다. 우리는 내일 우리의 생각이 데려다 놓을 자리에 존재할 것이다.

– 〈생각의 지혜〉의 작가 제임스 앨런 (1864~1912)

게임 이론에서 제로섬은 한 플레이어의 이득이 다른 플레이어들에게 손실이 되는 게임을 말하며, 이용 가능한 돈이나 게임 칩의 총량이 고정되어 있다. 이 특정한 게임 이론이 비 경제학자들 사이의 경제적 혹은 정치적인 토론에 적용될 때 종종 논리적인 오류를 발생한다. 경제학에서 이와 비슷한 오류로 '파이의 오류'Pie Fallacy 와 '노동 덩어리의 오류'lump of labour fallacy 를 들 수 있다.

'파이의 오류'는 세상에는 한정된 부의 존재가 있다는 믿음이다. 제로섬 게임처럼 누군가의 부의 증가는 다른 사람의 부의 동일한 감소를 의미한다. 즉, 파이는 고정되어 있기 때문에 내가 많이 먹으면 상대방이 적게 먹어야 하고 상대방이 많게 먹으면 내가 적게 먹어야 한다고 착각한다. 그래서 사람들은 다른 사람을 가난하게 만듦으로써 부자가 될 수 있다는 그릇된 믿음을 가지게 된다. 만일 부를 고정된 파이라고 가정하면 부자가 많을수록 가난한 사람들은 더 적게 남는다. 그 이유는 고정된 파이의 세계에서 부자가 부유하게 된 과정을 살펴보면 다른 사람들이 더 가난해져야 하기 때문이다. 다행히도 현실세계에서 파이는 고정되어 있지 않다.

'노동덩어리의 오류'는 세상의 일자리는 일정량밖에 없다는 생각이다. 이는 전 세계적으로 해야 할 일정한 양의 일이 있기 때문에 각 노동자가 생산할 수 있는 양이 늘어나면 일자리 수가 줄어든다는 것이다. 만일 사회 전체의 생산량이 고정적이라고 생각하면 그 양의 생산을 실시하기 위해서 필요한 노동력도 일정한 고정적인 양이 된다. 그래서 노동자는 그 일정량의 일을 하게 될 수밖에 없다. 이러한 믿음으로 인해 노동생산성이 높을수록 일자리가 줄어들어 이민과 실업 등을 야기한다고 생각한다. 이 때문에 실업 문제에 대해 잡 셰어링이나 조기퇴직 장려 등 사람들이 할당되는 작업량을 줄이는 대책이 제안되거나 생산성을 향상시키는 기술혁신에 대해서 일자리를 빼앗으려 한다는 부정적 시각이 존재하게 된다.

주변에서도 보면 많은 사람들이 세상에는 정해진 양의 부와 일자리가 있다는 생각을 가지고 있다. 이러한 믿음이 경제로 이어져 사람들은 부를 얻기 위해 서로 치열한 경쟁을 하거나 일자리 문제에 있어서 노인과 젊은 세대 간에 갈등 등의 결과로 나타나기도 한다. 그러나 이는 말 그대로 오류이며 잘못된 생각이다. 물론 국소적이고 일시적으로는 사회 전체가 요구하는 파이나 생산량이 고정된 것으로 볼 수도 있다. 예를 들면 누군가가 이기면 누군가 지는 스포츠산업이나 한정된 재원을 가진 정부예산을 어느 한쪽에 많이 배분하면 다른 한쪽은 피해를 보는 경우가 그렇다.

그러나 역사적으로 보면 부는 계속 창출되어 왔고 산업혁명 이후 노동생산성은 몇 배 상승했음에도 일자리가 줄어들거나 실업률이 트렌드가 되지는 않았다. 러다이트 운동과 같이 자동화나 기술혁신이 진행되면 실업자가 생긴다고 생산성의 향상에 반대하는 행동이 있었지만 이는 자본주의를 잘못 이해해서 생긴 현상이다. 1950년대에 자동화가 대량실업을 야기할 것이라는 심각한 경고가 있었지만 그런 위기는 일어나지 않았다. 그렇다면 이러한 오류가 일어나게 된 이유는 무엇일까?

여기서 사람들이 잘못된 판단을 하도록 만드는 것은 돈에 대한 추상적인 개념에서 찾을 수 있다. 사람들은 돈과 부를 같은 것이라고 생각한다. 그러나 돈은 부가 아니다. 사람들은 원하는 것을 사거나 거래하기 위해 쓸 수 있는 일정한 돈을 필요로 할지 모르지만, 세상에는 일정한 양의 돈이 없어도 더 많은 부를 창출할 수 있다. 부는 인류 역사상 내내 창출되어 왔고 세상에 정해져 있는 양의 부라는 것은 없다. 사례를 들어보자.

당신이 오래된 집을 사서 시간을 들여 깨끗하게 수리를 하게 되면 그만큼 부를 얻게 된다. 실제로 만약 당신이 그 집을 판다면 더 많은 돈을 받을 수 있을 것이다. 당신은 더 부자가 되었지만 어느 누구도 더 가난해 지지는 않았다. 따라서 정해진 양의 파이라는 것은 명백하게 없다는 것을 알 수 있다. 그리고 당신이 이런 식으로 생각하기 시작하면 왜 다른 사람들이 이전의 방식대로만 생각하고 있는지 의문스러워질 것이다.

그런 점에서 파이를 키우는데 필요한 새로운 가치의 창조를 한다는 부분에 있어서는 무엇보다 사업이 하나의 유망한 선택 사항이라고 생각한다. 수십 년 전과 비교해서 사람들은 더 높은 소득계층으로 이동하였고 기술혁신 덕분에 많은 사람들이 혜택을 보고 있다. 강조하지만 사업은 제로섬게임이 아니라 새로운 아이디어로 가치를 창출하면 얼마든지 파이를 키울 수 있다. 사업은 권투 시합 같은 치열한 싸움이라기보다는 오케스트라 같은 예술에 가깝다. 물론 경쟁 상대는 존재하지만 경쟁 상대와의 관계라 해도 단순한 제로섬 게임이 아니다. 경쟁 상대가 우수하다고 해서 자신들이 실패하는 것은 아니다. 결론적으로 사업은 부를 만들어 냄으로써 성공하는 것이며 부는 사람의 욕구를 채우는 것으로 얻을 수 있다.

창업은 언제 해야 할까?

앞서는 방법은 간단하다. 일단 시작하라.

　　　　　－〈톰 소여의 모험〉의 작가 마크 트웨인 (1835~1910)

　모든 창업이 다 성공할 수는 없다. 그렇다면 창업가는 어떻게 해야 성공의 확률을 높이고 실패의 확률을 줄일 수 있는가를 고민해야 한다. 그 고민가운데 한 가지가 창업의 시기다. 예비창업자가 이것저것 다 알아보고 막상 창업을 하려고 할 때는 주위에서 '때가 아니다'라거나 '조금 더 기다려 보자'는 식의 의견을 들려주는 경우가 많다. 이럴 때는 마음을 확고하게 다지기 힘들고 '과연 내가 지금 창업을 하는 것이 좋은 시기인지, 아닌지' 판단하기 힘들다.

　어떤 사람은 열정과 아이디어가 있으면 빨리하는 게 좋다고 말하고 또 다른 사람은 충분한 경험을 쌓은 후에 뛰어드는 것이 좋다고 주장한다. 내가 아는 한 성공기업인은 창업하는 시점이 바로 타이밍이라고 말한다. 이처럼 사람들마다 다른, 창업의 시기에 관한 생각과 주장들을 정리해 보면 다음과 같다.

첫째, 빠를수록 좋다는 주장이다. 창업은 이제까지 전혀 경험하지 못한 미지의 사업을 하는 것이기 때문에 그 결과에 대한 예측이 어렵고 불확실하다. 그렇다고 모든 것을 갖추고 시작하였을 때는 이미 늦고 이것저것 살피다가 망설이게 되면 그만큼 기회는 줄어들기 마련이다. 따라서 마음을 먹었으면 빨리 시작하는 편이 낫다. 이의 장점은 빠른 나이에 시작하는 만큼 오히려 리스크를 줄일 수 있고 실패를 하더라도 다시 시작할 수 있다는 점을 꼽는다. 특히 사람의 일생에서 20~30대와 대학시절은 열정과 패기가 넘치고 사회변화에 대한 욕구가 가장 강한 시기이다. 이 시기에 마이크로소프트의 빌 게이츠, 페이스북의 마크 저커버그, 오라클의 래리 엘리슨, 애플의 스티브 잡스는 모두 대학을 자퇴한 후 창업에 뛰어들어 경험은 부족해도 강한 성취감과 참신한 아이디어로 크게 성공한 창업가들이다.

둘째, 창업에는 타이밍이 중요하다는 견해다. 주식거래에서 언제 사고 언제 파느냐에 따라 손익에 큰 차이가 나듯이 창업에 있어서도 타이밍에 따라 열려있는 기회의 창이 달라질 수 있다. 사업기회란 실시간의 함수로 특정시점의 상황과 여건이 성숙되어 있을 때만 진정한 기회가 되고, 똑같은 사업 아이디어일 경우에도 실제 시간이 다르면 성공기업과 실패기업으로 나누어지기 마련이다. 1997년 한국의 IMF외환위기 무렵, 모든 사람들이 움츠려들 때 오히려 더없이 유리한 창업환경과 기회가 갖추어져 있다고 판단하고 창업에 뛰어든 상당수가 큰 성공사업을 일궈냈다.

셋째, 충분한 기반을 닦고 난 후에 하는 것이 좋다는 주장이다. 창업에 따른 기회비용은 상당한 희생을 요구할 수밖에 없다. 그래서 신중에 신중을 기해야 한다. 창업에는 '사람, 아이템, 자본'의 3요소가 갖추어져야 하는데 이중 하나라도 부족하면 실패할 확률이 매우 높다. 사람들은 무엇보다 경험의 유무가 창업의 성공과 실패를 결정짓는 중요한 요소로 분석하고 있다. 특히 준비 없이 '묻지 마식 창업'이나 '따라 하기식 창업'은 그만큼 실패확률을 높이는 요인으로 분류하고 있다. 그러나 충분한 기반을 닦은 후에 환상적인 타이밍을 잡기란 무척 어려운 일이다. 현실적으로 좋은 아이템이 있으면 자본이 없거나 부족하고, 아이템과 자본이 있어도 맨파워가 부족한 것이 일반적이다. 이런 점에서 창업의 3요소를 모두 갖추고 창업하겠다는 것은 창업하지 않겠다는 것과 마찬가지다.

이처럼 창업의 시기와 관련하여 많은 주장들이 있지만 미국 뱁슨 대학의 론스타트 교수는 성공한 창업가의 특징을 연구한 결과, 밖에서는 잘 보이지 않던 기회도 통로 안으로 들어가면 내부가 제대로 보이고 또 다른 사업기회를 발견하게 된다는 '통로원리'The Corridor Principle를 발표하였다. 즉, 사업기회는 밖에서 보아서는 제대로 발견되지 않고, 오히려 특정사업에 뛰어 들어가 보면 뜻하지 않았던 새로운 기회를 접할 수 있다는 것이다. 이 원리가 의미하는 바는 창업은 시기가 중요한 것이 아니라 창업 그 자체가 창업 전에는 인식하지 못했던 또 다른 사업기회를 발견하게 하고, 이를 활용할 수 있는 능력을 배양하게 해 준다는 점이다.

그렇다고 조급한 마음으로 섣불리 창업에 뛰어드는 것은 매우 위험한 행동이다. 아무리 유능한 산악인도 고산지대에 오르려면 꾸준한 훈련이 필요하듯이 성공한 기업가가 되기 위해서는 충분한 준비기간을 가지고 적시의 창업을 고르는 능력을 가져야 한다. 그때가 언제인가? 가장 좋은 시기는 미숙아와 과숙

아도 좋지 않듯이 내가 자신감이 가득하고, 성공에 대한 열망
이 가득할 때, 그리고 내가 하고자 하는 사업에 대한 이해도
가 가장 높을 때이다.

창업기업의 성공요소

시작과 창조의 모든 행동에 한 가지 기본적인 진리가 있다. 그것은 우리가 진정으로 하겠다는 결단을 내린 순간 그때부터 하늘도 움직이기 시작한다는 것이다.

– 〈파우스트〉의 작가 요한 볼프강 괴테 (1749~1832)

남들이 망설이고 주저할 때 창업에 나서는 것은 많은 용기와 결단이 필요하다. 그 이유는 창업에는 많은 어려움이 뒤따르기 때문이다. 주변의 아는 창업자의 하루하루를 보라. 매일 매일 생각하고 결정을 해야 하는 바쁜 연속의 나날이다. 문제는 그렇게 바쁘게 활동해도 성공한다는 보장도 없다. 더구나 오랫동안 생존할 확률은 더욱 어렵다. 그렇다면 어떻게 해야 성공의 꿈을 펼칠 수 있을까?

가장 빠른 방법은 성공하는 사람의 옆에 있는 것이다. 그렇지만 그런 경우는 흔하지 않다. 미국 실리콘밸리의 유명한 벤처 캐피탈 회사인 '안데르센호로위치'는 창업기업의 성공요소로 혁신적 아이디어, 창업 팀, 시장, 그리고 비즈니스모델을 꼽고 있다.

첫째, "저게 정말 되겠어? 미친 거 아니야?"라는 말이 나올 정도로 세상을 바꿀 수 있는 정도의 파괴력이 있는 혁신적 아이디어를 갖고 있는가?

문제는 혁신적 아이디어를 어디서 찾을 것인가 하는 점이다. 주변을 보면 혁신의 아이디어가 될 소재들이 널려 있다. 하지만 보이는 사람에게만 보이고 보이지 않는 사람에게는 보이지 않는 법이다. 창업자는 그 골라내는 눈을 가지고 있어야 한다. 그러기 위해서는 항상 사물을 관찰하고 사고를 단련시키며 새로운 지식을 계속 업데이트해야 한다. 그러한 방법으로 우선 다양한 지식에 관심을 가지고 많은 정보를 수집할 것을 권한다. 그렇게 하다보면 지식이 쌓이고 지식과 지식이 결합된 혁신적인 아이디어가 만들어지게 될 것이다.

둘째, 아이디어를 실현하고 창업에 매진하고자 하는 투철한 기업가정신을 지닌 창업자와 창업 팀이 있는가?

기업가정신이란 창조적인 혁신행동이며 삶을 대하는 태도나 원칙이다. 이것은 돈으로 환산할 수 없는 고귀한 무형자산이다. 그런데 현장에서 보면 이 부분에 중점을 두지 않고 단지 몇 명의 사람을 쓸 것인지에만 관심을 둔다. 먼저 창업에 있어서 가장 중요한 것은 창업자에서 조직구성원에 이르기까지 투철한 기업가정신을 가지고 있느냐가 중요하다. 그런 다음 공동창업자를 둘 것인지. 아니면 창업 팀의 구성원으로 할 것인지를 결정하는 것이 순서다. 그 시험방법도 첫째, 그 사람이 없으면 회사가 되지 않는가? 둘째, 그 사람과 같은 사람을 다른데서 찾지 못할 것인가? 만약 모두의 대답이 '예'일 경우, 그 사람을 공동창업자로 하는 것이 좋다. 또한 '아니오'가 하나라도 있다면, 공동창업자 대신 창업 팀의 구성원으로 하는 것이 좋을 것이다.

셋째, 아이템이 속한 시장이 정말 기회가 있는 시장인가?

기업의 무대는 시장이다. 아무리 혁신적인 아이디어제품을 내놓는다 해도 시장에서 받아들여지지 않으면 아무런 소용이 없다. 그런 점에서 창업자는 새로운 가치창조를 요구하는 고객의 목소리에 귀를 기울여 변화하는 고객과 시장의 환경을 읽어내고, 시장기회를 발견하는 힘을 길러야 한다. 시장기회를 발견하고 활동하는 일련의 과정을 마케팅활동이라 하는데 기업에게 마케팅이 중시되는 이유는 이에 의해 시장의 수요나 크기가 좌우되기 때문이다.

넷째, 사업아이디어를 어느 시장에서, 누구에게, 어떤 가치를, 어떤 방법으로 전달하여 수익을 창출할지를 보여주는 확실한 비즈니스 모델을 갖고 있는가?

창업자가 가장 많이 범하기 쉬운 오류 중 하나가 혁신을 상업적 성공과 동일시 한다는 점이다. 아무리 고객가치를 창출했더라도 이를 효과적으로 수익과 연결시키지 못하면 그 기업은 성공할 수가 없다. 내가 만나본 어떤 IT기업의 경우 고객가치 창출에는 성공했으나 이를 수익으로 연결시키지 못하여 실패를 하였다. 다시 말하면 사용자만 어느 정도 모으면, 광고 수입만으로도 수익은 충분하다고 장담했지만 현실은 그렇지가 못했다. 확실한 비즈니스모델 없이 사용자만 늘려가는 경우 급증하는 인건비와 고객만족 비용 등을 감당할 수 없어 결국 그 기업을 빠져 나오기 힘든 위기에 빠뜨릴 수 있다.

이처럼 창업기업이 성공하기 위한 요소들을 살펴보았지만 모든 조건을 갖추기란 쉽지 않다. 그래서 창업은 누구나 할 수 있지만 동시에 아무나 할 수가 없다. 뭔가 특별하고 남달라야 한다. 특히 창업 팀을 구성할 때는 서로를 보완해 줄 사람을 찾는 것이 중요하다. 미국의 경우는 누구와 창업하는지가 아주 중요한 평가요소로 생각하여 공동 창업시 서로의 역할을 명확히 하는 반면 한국의 창업자들을 보면 이런 점을 소홀히 하는 경향이 짙다. 처음엔 의욕을 가지고 공동창업을 하다가도 나중에는 독자적으로 가는 경우가 많은데 그런 점에서 처음 창업 팀을 구성할 때는 법률적으로 서로의 역할분담을 명확히 할 필요가 있다.

기업경영자로서의 조건

거북이를 보라. 거북이는 목을 밖으로 내밀 때만 전진을 한다.

– 전 하버드대총장 제임스 브라이언트 코넌트 (1893~1978)

    기업가의 유형은 매우 많지만 막상 기업경영을 해보면 부딪치는 일이 한 두 가지가 아니다. 창업가로서 역할과 기업경영자로서 역할은 유사하면서도 서로 다르다. 창업을 하였다면 이제는 기업경영자로서 뛰어난 경영을 해야 한다. 뛰어난 기업경영자란 한마디로 차이를 만들어 내는 사람이라고 정의할 수 있다. 눈에 띄지 않더라도 남보다 다른 차이, 다른 기업과 다른 차이를 만들어 내는 사람이다. 이러한 차이가 뛰어난 기업경영자와 그렇지 않은 기업가를 구별 짓는다.

    따라서 뛰어난 기업경영자가 되기 위해서는 다음과 같은 조건을 갖추어 나가야 한다.

첫째, 확고한 신념과 열린 마음을 가져야 한다. 기업경영자란 매일매일 의사결정과의 싸움이다. 그런 선택의 순간에 올바른 의사결정을 하기 위해서는 다양한 정보와 지식을 바탕으로 자신이 중심을 확고히 잡아나가야 한다. 확고한 자기신념과 철학이 없으면 가야 할 방향을 잃기가 쉬울 뿐 아니라 열정도 쉽게 꺾기기 마련이다. 또한 똑같은 상황이라도 열린 마음으로 들여다보면 긍정의 에너지를 발휘할 수가 있다.

둘째, 통찰력과 낙관적 사고를 지녀야 한다. 통찰력이란 꿰뚫어 본다는 뜻인데 일상의 업무는 물론 새로운 분야와 세상의 움직임도 꿰뚫어 보는 안목까지도 포함하는 개념이다. 이러한 통찰력을 기르기 위해서는 다양한 책을 읽고 읽은 내용은 반드시 정리하는 습관을 가지는 것이 좋다. 그러다 보면 통합적인 학습과 경험을 얻게 되어 보는 시야가 넓어지고 탁월한 통찰력이 자연스럽게 생겨나게 된다. 낙관적 사고는 긍정적이고 능동적인 사고방식으로 위기를 기회로 승화시킬 수 있는 능력을 가져다 줄 것이다.

셋째, 항상 준비함으로써 최악에 대비해야 한다. 비록 미래는 불확실하지만 준비한 자에게는 항상 기회가 찾아온다. 그래서 기회는 준비하고 부단히 노력한 자의 몫이라고 이야기 한다. 그러면 어떻게 준비해야 하는가? 목표는 최고를 두고 계획은 최악을 가정하는 것이다. 업무를 수행할 때는 최선이 아니면 차선을 선택하고 차선책이 없으면 최악을 대비할 수 있는 플랜 B를 가지고 있어야 한다. 영리한 토끼는 늘 세 개의 굴을 준비해 놓는다고 한다.

넷째, 변화를 즐기고 변화에 순응해야 한다. 기업 생태계는 혁신과 변화가 빠른 세계다. 고대 그리스 헤레이 클레이토스는 '세상 만물은 변한다는 진리만 변하지 않는다'고 말했고, 진화론을 주장한 찰스 다윈은 '맨 마지막까지 살아남는 종은 가장 강한 자도 아니요, 가장 똑똑한 자도 아닌, 가장 변화에 잘 적응한 자'라고 주장하였다. 그러면 왜 변화해야 하는가? 그것은 한마디로 살아남기 위해서다. 살아남기 위해선 경쟁력을 갖춰야 하고 경쟁력을 갖기 위해선 변화해야 한다. 변화하지 않는 것은 곧 퇴보를 의미하는 것이다.

다섯째, 절대 문제를 문제로 만들지 말고 풀어가야 한다. 어느 조직, 어떤 사회도 문제가 없을 수 없고 갈등이 발생하지 않을 수 없다. 그러나 문제를 방치하면 언젠가는 터지게 되고 큰 문제를 발생시키게 된다. 어떤 문제가 발생하였을 때 가급적 빠른 시간 내에 해결하든지, 문제를 솔직히 인정하여 신뢰를 쌓는 것이 필요하다. 문제를 알면 절반은 해결된다는 말이 있다. 그런데 사람들은 문제가 발생했을 때 숨기거나 은폐하려는 속성을 가지고 있다. 그래서 더 큰 손실을 입게 된다. 이것이 1:10:100 법칙인 피덱스 법칙이다. 불량이 생길 경우 즉각적으로 고치는 데에는 1의 원가가 들지만, 책임소재나 문책 등의 이유로 이를 숨기고 그대로 기업의 문을 나서면 10의 원가가 들며, 이것이 고객 손에 들어가 클레임으로 되면 100의 원가가 든다는 법칙이다.

일본 미쓰비시자동차는 2000년 6월 일본 운수성에 익명의 제보자가 리콜정보를 은폐한다는 내용의 전화를 받고 리콜조치 후에도 자체결함을 숨긴 결과 일본국민들의 불매운동으로 번져 결국 리콜비용의 수십 배가 넘는 엄청난 비용의 대가를 치러야 했고 소비자의 외면을 받아 큰 곤욕을 겪었다.

여섯째, 어떤 상황에서도 신뢰의 끈을 놓지 말아야 한다. 신뢰는 도덕적 가치인 동시에 사회적 자본이다. 어떤 사람은 신뢰는 과정이라기보다는 결과에 가깝다고 말한다. 왜 신뢰가 중요하느냐면 신뢰는 그 자체가 자본이고 원칙이고 힘이기 때문이다. 100년 이상 장수기업의 비결은 무엇일까? 다양한 이유가 있지만 무엇보다 고객과 꾸준히 신뢰관계를 쌓아 온 기업들이다. 미국 존스 홉킨스 대학교 교수이며 정치경제학자인 후쿠야마는 신뢰는 가까운 친족을 넘어서 신뢰에 기초해 다른 사람과 협력하면 피할 수 없는 기업의 위험을 함께 감수해 낼 수 있

고, 기업이나 시장의 발전에도 기여할 수 있다고 주장하고 있
다.

　일곱째, 멀리 볼 줄 알아야 한다. 비즈니스의 세계는 항상 시
간을 다투는 싸움이기 때문에 멀리 보지 못하는 경우가 많
다. 그래서 사소한 일에 시간을 낭비하여 중요한 것을 놓치
게 된다. 소프트뱅크 손정의 회장의 언급처럼 다음 시대를 먼
저 읽고 시대가 쫓아오기를 기다리고 멀리보고 대비하며 준비
하는 사람만이 기회를 잡게 되고 성공할 수 있다.

　만약 어느 날 갑자기 우리에게 통일이 찾아왔다면 어떻게 할
것인가? 이처럼 멀리보고 대비하는 안목을 가진 사람이 뛰어
난 기업경영자다.

미국의 힘은 개러지 벤처 스피리트에 있다

성공은 간단하다. 첫째, 특별히 하고 싶은 일을 결정한다. 둘째, 그것을 이루기 위해 희생을 치를 각오를 한다. 그런 다음, 그 희생을 치른다.

– 미국의 억만장자 벙커 헌트 (1926~2014)

미국의 벤처는 개러지Garage, 즉, 차고지에서 나온다는 말이 있다. HP의 휴렛과 팩커드, 애플의 스티브 잡스, 마이크로소프트의 빌 게이츠, 구글의 래리 페이지와 세르게이 브린, 아마존의 제프 베조스 모두 처음에는 개러지에서 사업을 시작했다. 특히 HP 개러지는 미국 벤처정신의 전설적인 상징물로 통하고 있다.

미국 스탠퍼드 대학 전기공학과를 졸업한 휴렛과 팩커드가 1938년 처음 사업을 시작한 곳은 캘리포니아 주 팔로알토 애디슨가의 허름한 팩커드의 건물 개러지였다. 당시 팩커드는 막 결혼한 상태였고, 부부가 함께 살 집을 찾고 있었다. 그러던 중 월세 45달러의 조건으로 제법 괜찮은 집을 마련할 수 있었다. 이 집에 딸린 차고가 HP의 첫 공장이자 사무실이 되었다. 팩커드의 차고는 차 한 대가 간신히 들어갈 정도로 변변찮은 공간이었지만 휴렛과 팩커드가 시제품을 만들기에는 충분한 곳이었다.

이곳에서 대학스승인 프레드릭 터먼 교수가 빌려준 단돈 538달러의 자본금으로 사업을 시작하여 첫 해부터 흑자를 낸 이후 지난 80년간 한 해도 거르지 않고 이익을 내며 'HP 신화'를 만들어냈다. 이 HP 개러지가 1997년 캘리포니아 주정부로부터 〈실리콘밸리의 탄생지〉라는 공식명칭을 받은 이후 2005년 복원작업을 시작하면서 2007년에는 국립문화재로 선정되었다. 그래서 휴렛과 팩커드는 실리콘밸리의 아버지로 불리고 있다. 나는 미국방문길에 바쁜 일정 속에서도 이들의 개러지 벤처정신을 배우고자 이곳을 힘들게 찾아간 적이 있었다.

원래 휴렛과 팩커드는 스탠퍼드 대학시절 전기공학을 전공할 때부터 라디오와 관련된 통신기술에 취미를 가진 가까운 친구였으며, 활동적이고 새로운 것에 호기심이 많은 성격 또한 비슷했다고 한다. 졸업 후 휴렛은 MIT와 스탠퍼드에서 공부를 계속하고 팩커드는 제너럴 일렉트릭에 취직했지만, 스탠퍼드 대학 전기공학과 학장을 지낸 스승 프레드릭 터먼 교수의 적극적인 권유로 두 사람은 사업을 시작하여 본격적인 경영에 나서게 되었다. 프레드릭 터먼 교수는 자신이 가르친 인재들 중 직접 집필한 교본에서 잘못된 부분을 발견해 보고서를 작성할 정도로 뛰어난 재능을 지닌 이들을 고향인 실리콘밸리로 초청하여 창업하도록 지원하였다. 터먼 교수 역시 그들의 작업과 연구에 지원을 아끼지 않았다. 이들은 팔로알토 의료센터에 필요한 의료기기를 납품해 기업을 운영하기 위한 돈을 벌 수 있었다.

휴렛과 팩커드가 처음 회사 명칭을 정할 때 자신들의 이름을 딴 회사로 하자는 데는 동의 했으나 '누구의 이름을 앞에 넣는 게 좋을까?'를 상의하면서 장난삼아 동전을 던지기로 한 것은 다 알려진 사실이다. 팩커드가 이겼지만 HP라는 이름이 마음에 더 들어 그렇게 작명되었다는 후문이다. 사업을 시작할 때 두 사람은 각자 능력과 자질에 맞는 분야, 즉 장난을 좋아했지만 기술력이 뛰어난 휴렛은 기술을, 모범생이었던 팩커드는 경영을 분담하여 죽을 때까지 서로의 판단을 의심하지 않고 우정을 저버리지 않는 세계적인 동업기업의 대명사가 되었다. 특히 이들은 현장을 중시하는 경영을 원칙으로 하여 현장에서 직원들과 부딪히며 일의 진행 상황을 파악하고 효율적인 생산을 위해 무엇이 필요한지를 젊은 엔지니어들과 끊임없이 대화했다. 또한 '이익은 함께 나눈다'는 생각을 갖고 있었던 두 사람은 연말결산 시점인 크리스마스 파티 때면 직접 수표를 들고 나와 직원들에게 나눠주기도 했다.

　HP는 창립 후 18년 동안 인사부서가 없었다. 담당부서의 매니저들에게 채용권한을 주어 인재를 선택해서 함께 일할 수 있도록 배려한 창업자들의 믿음 때문이다. 이렇게 한번 뽑은 직원들은 매니저가 끝까지 책임지는 시스템으로 운영하여 직원들의 끈끈한 팀워크로 이어졌고 회사를 움직이는 원동력이 되었다. 또한 새로운 부서가 생기거나 결원이 발생했을 때에는 외부에서 사람을 뽑기 전에 내부 직원들에게 먼저 기회를 주는 것도 사람을 존중하는 이 회사만의 장점이다. 1980년대 극심한 불황을 맞은 미국의 회사들 중에는 정리해고를 통해 위기를 넘긴 곳도 많았지만 HP만은 전 직원의 동의를 얻어 급여를 10퍼센트 삭감하는 데 그쳤다. 이러한 HP의 인간존중 철학은 협력적인 노사관계를 만들기도 하였다. 80년 전 두 젊은 대학생이 작은 차고에서 세운 회사는 벤처기업을 꿈꾸는 이들에게 여전히 좋은 사례로 남아있다. 그들에 의해 시작된 개러지 벤처 스피리트**Garage venture spirit** 는 그 이후 애플, 마이크

로소프트, 구글의 창업자 등에게 이어져 오늘날 미국의 기업
문화가 되었고 실리콘밸리를 통해 21세기에도 유지되고 있다.

　IT를 꿈꾸는 중국은 미국의 실리콘밸리라 불리는 베이징 중
관촌에 미국의 개러지를 본뜬 '차고카페'라고 이름 붙여진 젊
은 창업자들의 공간을 만들어 운영하고 있다. 이곳에서는 커
피한잔 값으로 전기, 인터넷, 회의실 사용과 투자설명회 개
최 등은 물론 만남과 교류가 활발하게 이루어지는 '사랑방' 구
실을 한다. 또한 투자자들을 찾아갈 필요 없이 이들이 정해진
날짜에 찾아와 투자 상담이 이루어져 수많은 벤처기업들이 탄
생하고 있다. 중국은 지금 전 세계에서 청년창업이 가장 활발
하게 이루어지고 있고 창업자 지수가 가장 높은 나라로 꼽히
고 있다. 반면 창업을 꿈꾸는 한국 청년들의 현실은 어떠한가?

왜 창업정책이 중시되는가?

다짐은 출발점이다. 다짐은 길을 열어준다. 어떤 일이 일어나든 마음의
준비를 갖추게 되고 다짐한 대로 실현 될 것이다.

– 〈나는 할 수 있어〉의 미국작가 루이스 L. 헤이 (1926~2017)

미국 경제학자 폴 크루그먼의 주장처럼 경제란 오르고 내
리고의 업다운 현상이다. 그동안 한국경제는 두 자리 수의 높
은 경제성장률을 기록할 만큼 고도성장을 하면서 한강의 기
적을 이루었다. 그러나 1980년대를 기점으로 하향세로 돌아
서 2~3%대의 저성장을 면치 못하고 있다. 이른바 뉴 노멀
New normal의 시대가 도래하고 있다.

뉴 노멀이란 세계 최대 채권운용회사 '핌코'의 최고경영자 무
하마드 앨 에리언이 그의 저서<새로운 부의 탄생>에서 금융
위기 이후 이 개념을 처음 제시한 것으로 저성장, 저소비, 고
실업이 앞으로 지속되는 세계경제의 특징을 말한다. 한국경

제 역시 저성장이 계속되는 가운데 소득 불평등과 일자리 창출, 가계부채 문제와 저출산, 그리고 고령화 문제가 큰 과제로 대두되고 있다.

첫째, 한국사회는 1인당 국민소득 3만 달러 시대를 목전에 두고 있지만 소득격차로 인한 불평등은 더욱 커지고 있다. 소득 불평등은 사회갈등을 조장하여 경제성장을 가로막는다.

둘째, 청년실업에 실직자와 비정규직을 포함한 실업증가로 사회동력이 크게 떨어지고 있다. 일자리 감소는 생산량의 저하를 가져오고 소득이 줄어 소비가 증가하지 않는다. 소비는 경제성장의 중요한 한 축을 담당하고 있다.

셋째, 천문학적 숫자에 달하는 기계부채는 주로 부동산 투자에 기인한 것이지만 소득의 감소로 이어질 경우 치명적인 사회적 문제를 야기한다. 어쩌면 가계부채야말로 한국경제의 가장 큰 복병이 될지도 모른다.

마지막으로 저출산과 고령화로 인해 가장 먼저 떠올릴 수 있는 사회적 문제는 노동의 양과 질이 현격히 부족해진다는 점이다. 생산가능인구가 줄어들고 일할 사람이 부족하여 국가세수가 줄어 경제성장을 약화시키기 때문이다.

이처럼 소득 불평등이 심화되고 고용의 안정성은 줄어들며 가계부채가 늘고 생산인구는 감소하고 있다. 새로 들어서는 정부마다 경제를 최우선적으로 살리겠다고 의욕을 보였지만 동원할 수 있는 정책의 수단에는 한계가 있고 의욕처럼 정책이 먹혀 들어가지 않는 경우가 허다하다.

이런 가운데 한국경제를 둘러싼 대내외적인 변화의 물결은 거세게 일고 있다. 변화의 세 가지 키워드는 세계화와 정보화, 그리고 불확실성으로 요약된다.

세계화는 한마디로 국경 없는 사회를 말한다. 이는 곧 무한경쟁을 의미하는 것으로 세계를 무대로 무한경쟁을 하기 위해서는 글로벌 스탠더드와 글로벌 게임에 맞는 규칙과 룰을 만들어 준수해야 한다. 그런 점에서 세계화는 기본으로 돌아가는 것으로 정의할 수 있다.

정보화란 '정보를 생산, 유통, 또는 활용하여 사회 각 분야의 활동을 가능하게 하거나 그러한 활동의 효율화를 도모하는 것'(국가정보화 기본법 제2조)으로 되어 있는데 쉽게 풀이하면 모든 분야가 정보를 중시하는 방향으로 변화하는 과정을 말한다. 지금 정보통신기술을 뜻하는 ICT가 사람들의 생활, 의식, 문화를 완전히 바꾸어 놓고 있다.

불확실성이란 무엇이, 어떤 방향으로 바뀌고 변할지, 정확히 예측할 수 없는 안개와 같은 것을 의미한다. 사람들이 아는 단 하나의 확실한 사실은 모든 것이 확실하지 않다는 점이다. 누가 IMF 외환위기와 서브프라임 사태가 올 것이라고 예측했던가?

이렇듯 안고 있는 한국경제의 과제를 해결하고 변화의 큰 흐름 속에 경제성장을 지속시키기 위해서는 정책적 선택을 할 수 밖에 없다. 그 정책적 선택의 중심에 창업정책이 강조되어야 한다. 경제란 한정된 자원에서 최선의 선택이다. 창업은 저성장, 구직난 속에서 자본주의의 원동력이 되고 있다. 창업가 1명이 직원 100명을 먹여 살릴 수 있다. 한 자료에 따르면 기업은 세계 인구의 81퍼센트에게 일자리를 제공하고 전 세계 GDP의 94퍼센트를 창출하고 있다. 세계 100대 경제주체 가운데 51개가 기업이고 49개가 국가이며 세계 161개국의 재정수입을 합쳐도 월마트 한곳의 수입에 미치지 못할 뿐만 아니라 세계 10대 기업의 총매출액을 합하면 세계에서 하위 100개국의 GDP를 전부 합친 것보다 많다고 분석하고 있다.

미국에서는 전 인구의 40%가 평생 단 한 번이라도 창업활동에 연루되는 것으로 알려졌다. 한 해 동안 창업활동에 연루되는 사람 숫자가 그해 결혼하는 사람 숫자보다 많고 창업활동이 가장 많이 이뤄지는 연령층은 35~44세다. 이 같은 과정을 통해 연평균 백만 개의 기업이 탄생한다. 새로운 일자리의 85% 이상이 이 같은 신생기업에 의해 만들어진다. 또한 미국 고등학생 중 75% 이상이 자신만의 기업을 창업하기를 희망하는 것으로 나타났다.

한국에서도 변화하는 경제 속에 무엇이 나은 삶인지를 고민하면서 창업하는 사람이 증가하고 있다. 다시 말하면 경제적 변화가 창업을 주도하는 셈이다. 더구나 자원이 부족하고 인적자산이 전부인 한국은 경제성장의 동력을 일으키기 위해서 창업 붐을 일으켜야 한다. 문제가 생기면 기업은 과감한 구조조정을 하지만 정부는 기구를 더 만들어 규제를 늘리려 한다. 한국 사회와 한국경제가 당면한 문제를 해결하려면 하나의 기구나 규제를 만들 것이 아니라 기존의 정책을 재점검하고 대책을 서둘러야 하는데 그 중 핵심적인 것이 창업정책이다. 창업정책의 핵심은 규제축소와 규제혁파에서 시작되어 누구나 창업할 수 있는 환경을 만드는데 있다.

휴식도 경쟁력이다

한가로운 시간은 무엇과도 바꿀 수 없는 재산이다.

– 그리스 철학자 소크라테스 (BC 470~BC 399)

　　많은 기업이 우수한 인적확보를 위해 노력하고 있다. 인적확보가 경쟁력이라고 믿기 때문이다. 이를 위해 일부기업에서는 출퇴근을 자기가 결정하는 유연근무제를 도입하는 등 직원들의 행복지수를 높이는 다양한 프로그램을 도입하고 있다. 심지어 안식년 제도를 운영하는 기업까지 생겨나고 있다. 세계적으로 가장 잘된 직원 복지프로그램을 꼽으라면 미국의 구글을 들 수 있다. 구글은 무료식사와 무료 검진, 세탁 서비스와 이발관 제공 등 많은 복지프로그램을 운영하고 있다. 몇 년 전 이 회사를 방문했을 때 건물마다 쉬는 공간이 많은 것을 보고 깜짝 놀랐다. 이런 혜택이 장기적으로 회사에 커다란 이익으로 돌아올 것임을 그들은 잘 알고 있을 것이다.

　그런데 한국은 어떤가? OECD국가 중 멕시코 다음으로 가장 긴 근로시간을 가지고 있다. 근로시간이 가장 짧은 독일보다 무려 1.67배를 더 일하고 있다. 하지만 상대적으로 노동생산성은 OECD국가 가운데 중하위수준에 머물고 있다. 한국 정부의 노력으로 주당 근로시간을 단축하고 있지만 단축된 근로시간으로 인해 나타나는 기업의 생산량 감소를 신규고용 대신 초과근로를 통해 보충하는 사업장이 많다. 이를 두고 사람들은 등대회사(야근으로 밤늦게까지 불이 켜져 있는 회사를 비유적으로 일컫는 말)니 뭐니 하는 말이 나올 정도다. 이러니 기업에 좋은 인재들이 들어올 리 없고 들어와도 좀처럼 애사심을 갖지 않게 된다. 특히 요즘 젊은 인재들은 급여보다 근무시간과 근무조건을 보고 직장을 선호하는 경향이 높다.

　문제는 근로시간을 늘린다고 노동생산성이 함께 올라가지 않는다는 사실을 기업가는 알아야 한다. 근로시간을 늘리면 단기적으로는 생산성이 올라가더라도 스트레스와 누적된 피로로 인해 직원들의 업무효율성은 곧 떨어지기 시작한다. 생각할 여유조차 없는 상황에서 직원들은 같은 실수를 반복하고, 생산성의 저하는 물론 각종 재해와 질병을 유발하여 사회적 비용을 증가시킨다. 결정적으로는 조직 내에 혁신이 사라진다는 점이다. 그렇게 되면 오늘날 급변하는 환경에서 조직은 살아남기 힘들다. 나아가 가정생활의 파괴, 인간관계와 사회생활의 상실, 삶의 행복지수를 떨어뜨리게 된다.

그런데도 아직도 많은 기업가가 일 중독자를 선호하고 일이 많은 부서들은 주당 60~80시간 일하는 것을 자랑스럽게 생각한다. 피로쯤은 일상적 체험으로 치부하고 대수롭지 않게 생각한다. 그러나 이는 잘못된 생각이다. 오히려 긴 근로시간이 노조에 빌미를 제공하여 기업경영을 어렵게 하는 경우를 많이 본다. 21세기 들어 IT 기술의 발달과 스마트폰의 등장으로 정보접근이 훨씬 쉬워지고, 기계설비의 자동화로 근로시간을 연장하지 않아도 얼마든지 기업의 생산성을 높일 수 있다. 근로시간과 노동생산성과는 반드시 동행하지 않는다는 사실을 일찍 깨달은 기업가는 직원의 피로도를 줄이고 직원의 행복과 삶의 만족도를 높이는데 많은 공을 들여 성공을 거두고 있다.

이런 점에서 기업가는 근로시간의 연장과 같은 직원의 피로도를 높이는 방식대신 직원의 삶의 만족, 행복지수를 높이는 새로운 시각과 접근방법으로 기업의 생산성을 높여가야 한다. 이것이 혁신이다. 그러려면 근로시간을 단축하고 남은 시간을 직원의 여가와 자기충전에 사용하도록 해야 한다. 회사직원이 충분한 휴식을 하게 되면 그 직원의 행복지수는 올라가게 될 것이고 생산성도 높아져 기업경쟁력이 생겨날 것이다. 전문가의 연구결과를 보아도 노동시간을 줄이면 생산성은 당연히 올라가고 고용창출 효과도 나타난다고 분석하고 있다. 또한 행복한 직원이 그렇지 않은 직원보다 생산성이 37%, 창의성이 300% 높다는 등의 정량적인 연구 결과도 나오고 있다.

이제는 명령이나 권위로 기업을 이끌어가서는 안 된다. 사람은 누구나 근로의 권리와 함께 행복할 권리를 지니고 있다. 노예나 기계가 아닌 이상 일을 하고 나면 휴식을 취해야 하는 것은 당연하다. 직원을 회사자산의 일부로 중요하게 생각하는 마음이 앞서면 훌륭한 인적 자원은 반드시 오게 되어있다. 휴식은 일차적으로 재해예방, 육체적 피로 해소, 수면안정, 면역체계 향상, 정신공항 방지 등을 위해서도 필요하지만 궁극적으로는 기업의 생산성과 경쟁력을 높이는 요소다. 그래서 휴식을 게으른 행위나 시간낭비라고 보아서는 안 된다.

3부

끝까지 살아남으려면
행동하라

'행동하는 사람 2%가

  행동하지 않는 사람 98%를 지배한다.'

– 〈정상에서 만납시다〉의 작가 지그 지글러 (1926~ 2012)

산삼 밭에 가야 산삼을 캘 수 있다

부자 옆에 줄을 서라. 산삼 밭에 가야 산삼을 캘 수 있다.

– 삼성전자 회장 이건희 (1942~)

매년 부자가 새로 탄생하고 있다. 세계적으로 최고 부자는 로스차일드 가문이 언급되긴 하지만 역사상 드러난 기준으로 보면 미국의 록펠러였다. 석유로 부를 이룩한 록펠러의 재산은 1937년 사망하기 전 당시 미국경제의 1.53%를 차지하였다. 지금은 소프트웨어의 왕 빌 게이츠가 세계부호 1위를 몇 년째 지키고 있다. 그러나 부자는 언제든지 바뀔 수 있다. 한국에서도 매년 부자순위가 바뀌고 있는데 특히 벤처기업가들의 신규진입이 눈에 띄고 있다.

미국의 경제전문지 포브스는 몇 년 전에 돈을 벌고 싶거든 돈이 있는 곳으로 가라는 기사를 실었다. 그 지역으로 뉴욕 맨

해튼과 캘리포니아 주의 멘로파크를 선정하였다. 그 선정기준은 1)벤처기업의 수, 2)활발한 벤처투자가의 수, 3)노동력의 교육수준, 4)주변의 대학과 연구센터의 수, 5)그 지역 부자의 숫자를 꼽았다.

우리가 잘 아는 캘리포니아 주에 있는 실리콘밸리는 이러한 다섯 가지 조건을 잘 갖추고 있다. 실리콘밸리는 샌프란시스코 반도 초입에 위치하는 산타클라라 일대의 첨단기술 연구단지로 이 지대는 12~3월을 제외하고는 연중 비가 내리지 않아 전자산업에 가장 이상적이고 습기 없는 좋은 환경과 가까운 곳에 스탠퍼드 대학과 캘리포니아 버클리 대학, 산타클라라 대학 등 명문대학이 있어 우수한 인력확보가 쉬운 입지조건을 갖추고 있다. 또한 캘리포니아 주정부의 전자회사 유치를 위한 초기의 세제상 특혜 등으로 인하여 세계 유수의 반도체산업이 한데 모인 첨단기술의 전진기지가 되었다. 그 때문에 쟁쟁한 많은 벤처투자가들이 성황을 이루고 있다. 벤처투자가들은 멀리 떨어진 지역보다 지역 내의 잘 아는 유망기업에 투자하려는 속성을 가지고 있다.

한국의 경우 서울을 제외하고 포브스지가 제시한 다섯 가지 기준을 함께 갖춘 곳으로 대덕연구개발 특구를 들 수 있다. 그곳에는 많은 벤처기업과 대학과 연구센터가 있으며 높은 교육수준을 지닌 노동력을 가지고 있다. 벤처투자가들의 움직임도 활발한 편이다. 그렇지만 많은 부자가 없다는 점은 아쉽다.

그러면 왜 부자가 있고 돈이 있는 곳으로 가야 할까?

첫째, 그곳에 가면 남들보다 먼저 따라할 수 있다. 부자는 돈의 흐름을 먼저 파악하고 돈을 쫓아서 신속하게 움직인다. 그들은 시간을 낭비하거나 세월을 결코 허송하는 법이 없다. 뭔가 생산적이고 이익이 되는 일에 몰두하려는 경향이 있다. 그래서 그들의 움직임을 따라서 하면 기회를 잡을 수 있다.

둘째, 부자들의 성공습관을 배울 수 있다. 부자들은 그들의 성공비결을 남에게 발설하거나 잘 알려주지 않는다. 그렇게 때문에 직접 옆에서 보고 듣고 느끼고 배워야 한다. 그들이 어떤 생각을 하고 어떻게 판단하고 결정하는지, 어떤 기질과 습관이 있는지를 알게 되면 큰 도움이 된다. 그 노하우를 따라 실천하면 그들처럼 될 수가 있다.

셋째, 고급정보를 얻을 수 있다. 부자는 그들만의 정보망과 인적네트워크를 통해서 돈이 될 만한 유용한 고급정보를 가지고 있다. 정보는 돈과 정비례한다는 말이 있다. 정보가 돈이요, 돈이 곧 정보라는 의미다. 세상에는 많은 정보가 생산되고 그 정보를 먼저 얻기 위해 사람들이 기꺼이 돈을 지불하지만 정작 고급정보는 돈 있는 사람에게 집중된다. 적어도 그들이 흘린 정보라도 잘 이용하면 부를 축적할 수 있다.

이처럼 부자와 돈이 있는 곳으로 가야 돈을 벌 수 있다. 그러나 그곳에 진입하기는 쉽지 않다. 돈에는 세 가지 얼굴을 가지고 있다. 하나는 교환의 얼굴이다. 돈은 필요한 것을 언제든 바꿔줄 수 있다. 또 다른 하나는 가치를 측정하는 얼굴이다. 돈은 모든 물건에 가격을 매겨 물건의 가치를 알 수 있게 한다. 마지막은 가치를 저장해 주는 얼굴이다. 돈을 소유한다는 것은 곧 재산이며 다른 물건을 구매할 수 있는 능력을 말해준다.

돈이라는 세 가지 얼굴을 지닌 매력 때문에 세상의 많은 사람들이 돈을 벌기 위해 노력하고 있다. 그러나 노력만 해서도 안 된다. 노력을 하기만 하면 돈을 벌 수 있다면 아마 많은 사람들이 부자가 되었을 것이다. 방법과 노하우를 알아야 한다. 확실히 성공한 기업가와 부자는 남과 다르게 돈을 버는 방

법과 노하우를 지니고 있다. 그러나 그들은 어떻게 돈을 벌었
는지 잘 알려주지 않기 때문에 우리는 그들이 있는 곳으로 가
야 하는 것이다.

부자가 되는 것은 생각보다 단순하다

하루에 3시간을 걸으면 7년 후에 지구를 한 바퀴 돌 수 있다.

– 영국의 시인 겸 평론가 새뮤얼 존슨 (1709~1784)

　사람들은 누구나 부자가 되고 싶어 한다. 그러나 부자가 되는 것은 생각보다 훨씬 단순하다. 소득, 시간, 그리고 끈기 – 이 세 가지 요소를 잘 조화시킨다면 당신도 백만장자가 될 수 있다. 그래서 '나는 절대로 백만장자가 될 수 없어' 라는 말하는 것은 한낱 핑계에 불과하다. 부자가 되는 단순한 사실을 하나씩 살펴보고 당신도 실천해 보기를 권한다.

　앞서 말했듯이 부자가 되는 세 가지 필수요소는 소득, 시간, 그리고 끈기다. 이 가운데 누구나 소득과 시간은 가지고 있다. 문제는 끈기다. 끈기를 가지려면 지속적이고 규칙적이라야 한다. 이를 위해 끊임없는 자기훈련과 자기통제를 통한 인내와 절제, 올바른 행동과 좋은 습관을 익혀야 한다.

여기서 지속적이고 규칙적이라는 의미란 무엇인가? 가령 만기 10년의 적금을 끝까지 불입하려면 매월 일정금액을 지속적으로, 그리고 정해진 날짜에 규칙적으로 내야한다. 그런데 보통사람들은 처음에 잘 넣다가도 중간에 포기하거나 어떠한 사정에 의해 그만두는 경우가 많다. 이처럼 유혹에 흔들리지 않고 목표하는 바를 끝까지 가려면 지속적이고 규칙적으로 해야 되는데 이것이 끈기라는 의미다.

그러면 소득과 시간이 주어진 상태에서 어떻게 끈기가 부를 창출하는지 살펴보자.

첫째, 복리상품에 투자하라. 당신의 소득가운데 매월 50만원씩을 투자한다면 시간경과에 따라 돈이 어떻게 불어나는지 살펴보자. 주식시장의 경우 장기적으로 적어도 연 10%의 수익률을 가져다준다. 수익률이 10%라고 가정할 때 매월 50만원의 투자는 10년 후엔 1억 원, 20년 후엔 3억8천만 원, 30년 후엔 11억 원이 된다. 30년 기준으로 불입한 원금은 1억8천만 원인데 불어난 이자는 원금의 5배가 넘는다. 어떻게 이것이 가능할까? 이 모든 것은 지속적이고 규칙적인 투자의 힘을 통해서 일어난다. 단순한 것 같지만 강력한 이 개념을 복리라고 부른다.

둘째, 달러코스트 에버리징 **Dollar-Cost Averaging** (DCA) 효과를 활용하라. 이 기법은 수입 가운데서 일정금액을 장기에 걸쳐 특정주식에 정기적으로 투자해 나가는 장기적인 투자방법이다. 투자자는 가격이 낮을 때 더 많은 주식을 구매하고 가격이 높을 때는 주식을 더 적게 구입하게 될 것이다. 그래서 시간이 지나면 평균비용을 낮추어 수익을 창출할 수 있다.

예를 들어 매달 50만원을 투자하여 투자당시 주당 5천원인 어떤 주식을 100주 샀다고 가정해 보자. 그런데 다음 달에 주식이 6천원까지 상승한다면 단지 83주 만 살 수 있다. 그러나 주식이 4천원까지 떨어진다면 125주를 살 수가 있다. 규칙적인 투자를 지속적으로 하는 가장 좋은 방법은 당신계좌에서 일정금액을 매월 자동적으로 중개펀드나 뮤추얼 펀드 계좌에 이체하는 방법이다. 여기서 '자동적으로' 라는 말은 매우 중요한 의미를 갖는 말이다. 그래야 중단 없이 적립할 수 있다. 중간에 멈출 경우 당연히 효과는 반감한다.

셋째, 리스크를 최소화하라. 리스크를 최소화 하려면 비교적 안전자산에 속하는 부동산과 채권에 투자하거나 은행에 예금하는 방법이 있다. 주식에 투자하는 것은 확실히 리스크가 있다. 매수한 주식이 20~30년 동안 간다는 보장도 없다. 그래서 처음 주식시세보다 여건이 불리하게 끝날 수도 있다. 그러나 주식뿐만 아니라 예금조차도 모든 것에는 리스크가 있게 마련이다. 예금의 경우 은행이 망하면 일정금액 범위만 당신을 안전하게 해 준다. 그런데 아무리 안전자산이라도 인플레이션 같은 복병을 만나면 문제는 달라진다. 보통 물가상승률인 인플레이션이 2%정도는 괜찮은 것으로 간주한다. 그러나 과연 인플레이션이 2%만 되는 것인가?

수학적으로 계산해 보자. 실질이자소득이란 인플레이션을 차감하고 받은 이자를 말한다. 만약 예금의 이율이 3%이고 인플레율이 2%라면 당신의 실질소득은 단지 1%에 불과하다. 인플레율이 상승하여 5%까지 이르고 예금이율이 4%라면 인플레 조정기간에 당신은 1%의 손해를 보게 된다. 그러나 부동산 같은 자산은 물가와 같이 움직이는 경향이 있어 시간이 지나감에 따라 그 수익률은 인플레율을 앞서간다.

여기서 강조하고자 하는 핵심은 무엇인가? 시간을 길게 잡고 소득의 일부를 지속적으로, 그리고 규칙적으로 복리를 이용한 투자를 하게 되면 누구나 부자가 될 수 있다는 사실이다. 1975년 6월 11일 삼성전자 주식이 처음 상장되었을 때 당시 상장가격은 단 1,131원이었다. 지금은 어떤가? 당시보다 무려 수천 배가 넘고 있다. 부자가 되기 위해서 20년, 30년을 기다린다는 생각은 바보처럼 들릴지 모른다. 그러나 느린 거북이가 빠른 토끼를 앞서가듯이 대부분의 경우 부자들은 천천히, 그러면서 꾸준히 강력하게 밀고 가는 과정을 밟은 사람들이다.

이윤을 높이는 방법

일반 고객의 5%를 다시 찾아오는 고객으로 바꾸면 고객 당 평균 25%에서 100%의 이윤을 더 이끌어낼 수 있다.

– 〈로열티 경영〉의 저자 프레데릭 라이할트 (1952~)

최근 뉴스를 보면 기업들이 이윤을 내기가 점차 힘들어지고 있다는 보도를 자주 볼 수 있다. 그 원인으로는 저성장으로 인한 소비감소라든가, 높은 인건비로 인한 가격경쟁력의 상실 등을 들고 있다. 실제 매년 한국기업들의 수익성은 계속 악화되고 있는 것으로 나타나고 있다. 정도의 차이는 있겠지만 앞으로 기업의 수익성을 어떻게 올릴 것인가가 기업가의 가장 큰 과제가 될 전망이다.

기업이 이윤을 내지 못하면 성장과 존속을 할 수 없을 뿐만 아니라 미래의 사업에 투자하기 위한 자금도 제공할 수 없다. 이윤의 부재는 회사의 파산을 초래할 수 있다. 그만큼 이윤은 매우 중요하다. 그렇다면 정확히 이윤이란 무엇일까? 이윤은 기업이 창출한 가치의 크기이며, 기업 활동의 성과다. 이윤의 산정공식은 이윤 = 수익((매출) − 비용(경비)이다. 즉, 벌어들인 수익과 벌어들이기 위해 지불된 비용의 차이를 말한다. 따라서 많은 이윤을 창출하기 위해서는 수익을 많이 내는 대신 들어가야 할 비용은 최소화해야 한다. 여기서 수익과 이윤의 차이를 알 수 있다. 수익은 비용을 고려하지 않고 총 판매해서 얻는 대가를 말하는 반면 이윤은 수익에서 발생한 비용을 공제한 후에 남은 가치를 의미한다.

그러면 기업이 이윤을 극대화하기 위해서 어떻게 해야 할까?

첫 번째 방법은 가치를 창출하는 것이다. 고객은 가격대비 가치를 선호한다. 기업이란 고객에게 가치를 제공하는 조직이다. 따라서 더 많은 이윤을 얻기 위해서는 '우리가 팔고자 하는 것이 무엇인가?'라고 질문하는 대신에 '고객이 구입하려는 것은 무엇인가?'를 항상 질문해야 한다. 고객이 구입하려는 것은 기업이 파는 제품이나 서비스 그 자체가 아니라 제품과 서비스가 제공하는 효용 또는 가치다. 이런 점을 항상 명심하여 고객이 지불하는 것보다 더 많은 가치를 얻도록 기업은 항상 더 좋은 제품과 서비스의 개발에 힘써야 한다.

두 번째 방법은 이윤방정식을 제대로 실천하는 것이다. 이윤방정식은 이윤 = (판매가격 − 원가) × 판매수량이다. 위 방정식처럼 이윤을 늘리기 위해서는 1)판매 가격을 올리고, 2)원가를 되도록 낮추며, 3)판매수량을 늘리는 방법이다. 누구나 아는 당연한 내용이라고 우습게 생각할지 모르나 이해와 실천은 분명 다르다. 실제 기업가를 만나보면 내용을 알고 있어도 실천을 못하여 적자에 허덕이는 경우가 많다. 또 하나의 팁을 말하자면 매출을 늘리는 방법으로는 1)다양한 제품으로 기존고객에 대한 판매량 늘리기, 2) 제품의 다각화, 3)가격책정의 수정 등을 들 수 있다.

세 번째 방법은 비용구조를 정기적으로 검토하는 것이다. 이윤극대화 조건은 다른 말로 하면 비용최소화 조건이다. 정기적으로 비용구조를 분석하면 어디에 돈을 많이 지출하고 비용 상승요인이 무엇 때문인지를 추적하는 데 도움이 된다. 특히 제품을 만드는 것과 관련이 없는 간접비는 기업이 직면하는 가장 큰 비용의 범주 중 하나이므로 이를 꼼꼼히 살펴보는 것이 중요하다. 그러나 1)고객을 기쁘게 하는 비용(고객 비용), 2)회사의 미래를 만들기 위한 경비(연구개발비), 3)회사의 인재를 키우기 위한 경비(교육 연수비)는 줄여서는 안 된다. 이 비용을 줄이면 회사의 미래 자체는 물론 미래의 매출도 감소하기 때문이다.

네 번째 방법은 직원들에게 동기를 부여하는 것이다. 매출과 이윤은 직원이 만들어 준다는 말이 있다. 직원이 만족스러우면 더 짧은 시간에 더 많은 양질의 작업을 수행할 수 있다. 회사가 직원의 동기부여를 진정으로 뒷받침하는 경우 직원들은 사기가 올라 더욱 열심히 일하게 된다. 따라서 사소한 것이라도 직원의 동기부여에 결코 인색해서는 안 된다. 그리고 목표를 너무 높게 설정하지 말아야 한다. 이는 직원의 사기를 감소시키고 수익성에 부정적인 영향을 미치기 때문이다.

다섯 번째 방법은 후속조치를 게을리 하지 말아야 한다. 기업은 고객이 제품을 구입한 후에 모든 것이 괜찮은지 알기위해 세심한 주의와 후속조치가 필요하다. 다른 사람들에게 기업에 관한 입소문과 선입관을 퍼뜨리는 것은 고객이다. 그러므로 불만이나 문제가 있는 경우 즉시 해결하여 또다시 고객이 계속 찾도록 해야 한다. 최근 SNS를 통해 제품을 평가하는 것은 일상적인 모습이 되었다. 무료행사, 쿠폰발행, 할인과 프로모션 카드를 보내주는 것도 이 때문이다. 무료와 관련된 에피소드로 신발 한 켤레를 살 때 무료 신발상자를 준다고 말하면, 가장 신중한 쇼핑객조차도 우스꽝스럽다는 것을 알고 있더라도 무료라는 단어에 매력이 끌리게 된다.

　이윤을 올리는 다섯 가지 방법들을 살펴보았지만 이 가운데 가장 중요한 것은 가치창출을 통한 이윤극대화다. 가치창출의 극대화가 오히려 이윤극대화보다 더 상위개념에 있다고 할 수 있다. 왜냐하면 이윤이 높게 나타났다고 해서 기업이 그만큼 가치를 창출했다고 단언할 수는 없기 때문이다. 그래서일까? 오늘날 기업의 목적도 이윤극대화가 아니라 가치창출의 극대화로 새롭게 정의되고 있다.

　피터 드러커 역시 〈경영의 실제〉에서 '이윤이 목적이서는 안 된다. 이윤은 원인이 아니라 결과이며 기업이 살아가기 위한 조건이요 비용이다'라고 흥미롭게 기술하고 있다. 이것의 의미는 기업은 이윤을 목적으로 사업을 계속하는 것이 아니라 기업의 이념(비전)을 달성하기 위해 사업을 계속하고, 그 결과 이윤이 창출된다는 점을 강조한 것이다.

스트리트 스마트가 더 성공한다

많은 이들이 재능의 부족보다 결심의 부족으로 실패한다.

— 미국의 전도사 빌리 선데이 (1862~1935)

　기업가는 기본적으로 문제를 해결하는 능력을 지닌 사람이다. 주변에는 불편의 문제, 개선되어야 할 문제, 보완해야 할 문제, 교체하거나 대체해야 할 문제, 신기술이 필요한 문제 등 수도 없이 많다. 기업가는 이러한 문제들을 해결해 주겠다고 나서는 사람이다. 그리고 거기에 맞는 제품을 만들어 시장에 내놓는다. 고객은 그 가치를 따져보고 제품을 구매할 것이다. 다이소 매장에 가보면 생활에 불편한 점들을 채워주는 제품을 저렴한 가격에 판매하여 큰 성공을 거두고 있다. 고객의 가치를 잘 읽은 것이다.

　이러한 점에서 고객이 어떤 문제를 안고 있고 이를 어떻게 해결할 것인가가 기업가에게 주어진 고뇌이자 숙명과 같은 것이라고 할 수 있다. 문제를 이해하고 잘 해결하는 사람은 그만큼 성공이 빠르고 그렇지 않은 사람은 성공하기가 쉽지 않을 것이다. 문제를 잘 해결하기 위해서는 다양한 지식과 경험이 필요하다. 그래서 성공한 기업가 중에는 북 스마트**Book smart** 보다는 스트리트 스마트**Street smart** 가 훨씬 많다.

북 스마트는 아카데믹 스마트라고도 하며 학교과정을 밟아 머리가 좋은 우등생을 말한다. 이 사람의 특징은 지식이 풍부하고, 사물을 숫자로 표현하는 능력과 커뮤니케이션 능력이 뛰어난다. 또 이해력이 빠르니까 상대가 말하는 내용도 나름대로 알기 쉽게 무슨 말을 하는지 해석하는 힘도 지니고 있다. 하지만 학교에서 높은 교육을 받았지만 실천력이 부족하고 무엇이든 책에 씌어 있듯이 배운 데로 하려니 실전에는 약한 편이다.

반면에 거리에서 자랐다는 의미에서 나온 스트리트 스마트는 학력 등과 상관없이 사회공부를 많이 하여 거기에서 쌓은 경험과 지식으로 점점 두각을 나타내는 똑똑한 사람을 말한다. 비록 교육은 없지만 실제체험을 통해서 여러 가지를 배우고 있어 세상을 잘 아는 사람이다. 이 사람의 특징은 자신의 생각을 분명히 갖고 속도감 있게 일을 처리하며 스트레스를 잘 받지 않고 핵심을 잘 찌르는 행동을 한다는 점이다. 또 판단력이 빠르고 유연성이 있게 행동하는 편이다.

북 스마트와 스트리트 스마트는 둘 다 똑똑하다는 점에서는 공통적이지만 이 둘의 가장 큰 차이는 지식을 어디에서 얻느냐에 있다. 북 스마트는 학교강의와 교과서에서 얻는 반면 스트리트 스마트는 사회에서 개인적인 노력을 통해서 얻는다는 점이 다르다. 사업의 세계에서는 북 스마트보다 스트리트 스마트가 압도적으로 높은데 그 이유를 살펴보면

첫째, 사업은 기본적으로 학문에서 익힌 힘보다 사회에서 쌓은 경험이 일을 잘 진행시킨다. 북 스마트는 자신의 지능에만 의존하지만 스트리트 스마트는 사회에 돌아가는 감각을 잘 알고 있어 문제해결 능력이 빠르다.

둘째, 사업은 머리가 좋은 것보다는 머리회전이 빨라야 한다. 비즈니스에서 머리회전이 빠른 사람이 유리한 이유는 끊임없이 변화하는 환경에 제대로 대응하는 힘이 있는지가 포인트이기 때문이다. 머리회전이 빠른 사람은 일 처리에 있어서 놀라울 정도의 속도감이 있고, 돌파력이 뛰어나다.

셋째, 사업은 실패하는 것을 두려워하는 사람들과 달리 실패에서 배우려는 플러스 사고가 있어야 한다. 실패는 실패가 아니라 어디까지나 산 교훈이며 성공으로 가는 전단계이다. 북 스마트는 실패하지 않으려고 완벽주의를 추구하거나 실패한 경우 필요 이상으로 자책하는 민감한 사람이 많다. 대신 스트리트 스마트는 실패를 기회로 삼고 일어서는 실패의 회복력이 무척 빠르다.

넷째, 사업은 개념적인 지식이 아니라, 개념적인 지식을 몸에 익히는 것이 필요하다. 북 스마트는 많은 지식을 가지고 있지만 막상 일에 쓸모없는 경우가 있는 반면에 스트리트 스마트는 단순한 지식보다 실제 일에 응용하여 써 먹을 수 있는 산 지식을 많이 알고 있다.

다섯째, 사업은 효율성이 높아야 성공할 수 있다. 아이디어만 가지고 있어서는 안 되고 이를 실현시켜야 한다. 북 스마트는 아이디어가 있어도 이를 실현시킬 끈기와 도전정신이 부족하지만 스트리트 스마트는 이를 실현시키는 법을 알고 있다. 그래서 북 스마트는 성공을 위한 기반을 마련하지만 성공을 발전시키는 방법은 스트리트 스마트를 중심으로 돌아간다는 말이 있다.

여섯째, 사업은 인간관계 맺기가 핵심이다. 그런데 북 스마트는 자존심이 강하고 남에게 아쉬운 소리를 잘 안하는 편이어서 인간관계가 부족한 반면 현실의 문제에 대처하는 데 능한 스트리트 스마트는 특유의 친화력으로 처세의 비결을 알고 있어 인간관계를 능숙하게 처리한다.

미국 스탠퍼드 대학의 에이미 윌킨슨**Amy Wilkinson** 교수가 연구한 성공한 기업가들은 북 스마트처럼 우등생은 아니고 오히려 학교성적은 낮지만 '배짱'과 '현장 대응력'이 뛰어난 사람, 즉 스트리트 스마트가 대부분이라고 밝히고 있다.

사람은 처음부터 재능을 가지고 태어난 것은 아니다. 재능은 꾸준한 노력과 하드 워크, 그리고 반복을 통해서 얻어진다. 특히 사업재능이 있으려면 천재가 아니더라도 결코 포기하지 않고 계속 도전하며 배우는 자세를 가져야 한다. 그래야 기업가로서의 성공의 길이 열려있다.

갚을 수 있는 차입은 부채가 아니다

가난한 친척들이 진 빚을 갚을 일이 없었다면 나는 예술작품을 창조
하느라고 고민하지 않았을 것이다.

– 〈천지창조〉의 화가 미켈란젤로 (1475~1564)

한국 제조기업의 평균 부채비율이 IMF 외환위기 직전까지
만 해도 400%에 달했다가 계속 낮아져 85%수준을 나타내
고 있다. 이는 선진국인 독일에 비해 약 3배, 미국과 일본에 비
해 거의 2배나 낮은 수준이다. 그동안 기업마다 부채비율 낮추
기 경쟁에 나서면서 심지어 무차입 경영을 선언한 기업들도 늘
어나고 있다. 부채비율만 놓고 보면 미국과 같은 선진국들보
다 오히려 건실해지고 있다. 그만큼 기업들이 얼마나 재무구
조 개선에 많은 노력을 기울였는가를 알 수 있다.

그러나 이러한 숫자를 보고 상반된 평가가 나온다. 하나는 기

업들이 안정을 찾았다고 평가하고 있는 반면에 또 다른 평가
는 기업들이 투자를 할 유인을 찾지 못하여 한국경제의 역동성
이 떨어지고 있다는 우려의 목소리가 나오고 있다. 기업가는 과
연 부채비율이 낮아졌다고 마냥 즐거워만 할 것인가?

 기업이 부채비율을 낮추는 대표적인 방법은 다음 네 가지
가 있다.

 첫째, 이익을 많이 내는 방법
 둘째, 자본금을 늘리는 방법
 셋째, 차입규모를 줄이거나 상환하는 방법
 넷째, 차입금을 출자로 전환하는 방법

 이중 가장 바람직한 방법은 첫째와 둘째의 방법일 것이다. 차
입금을 출자로 전환하는 방법은 주로 기업이 차입금을 갚지 못
하는 상황에 처했을 때 적용되는 방식이다. 실제 워크아웃 기
업, 회생기업, 구조조정기업 등에서 자주 발생한다. 문제는 셋
째 방식인 차입금을 줄이거나 상환하는 방법인데 과연 기업
의 수익성이 높아서 부채비율이 낮아진 것인가 하는 의문이다.

차입규모를 줄이면 부채비율이 낮아져 재무구조는 개선되겠지만 이에 따른 신규투자는 줄어들 수밖에 없다. 이러한 우려는 설비투자 동향을 통해서도 알 수가 있다. 해마다 꾸준한 증가세를 보여 오던 한국의 설비투자증가율은 외환위기 직전인 1990년대 중반 무렵 20%대까지 이르렀으나 이후 4% 수준에 그치고 있다. 외형상으로 보면 기업이 차입규모를 줄이거나 차입을 상환하는 것은 부채비율을 낮추면서 내부자금 조달로 투자를 지향하는 매우 바람직한 모습으로 나아가고 있는 듯이 보이지만 사실은 신규투자를 기피한 결과라는 점에서 한국경제의 앞날을 어둡게 하고 있다.

일본이 매년 기업의 부채비율을 낮추면서 투자를 소홀히 한 결과, 지난 잃어버린 20년의 경제침체를 거듭하였다. 이것은 많은 것을 시사해 주고 있다.

정책당국이 투자에 지대한 관심을 가져야 할 이유는 무엇보다 투자는 소비, 수출 등과 함께 국민계정상 최종수요를 구성하는 주요항목일 뿐만 아니라 경제의 중장기적인 성장잠재력을 확충하는 필수적인 요소이기 때문이다. 새로운 공장을 건설하고 설비를 도입하며 기술개발을 하는 것은 장기적인 경제성장을 위한 기본요소들이다. 지난날 경제발전과정에서 한국 기업들은 국내와 해외로부터 엄청난 규모의 단기자금을 끌어들여다가 그것을 투자자금으로 활용하였다. 기업, 특히 재벌기업은 이윤이 나지 않는 경우에도 과잉투자를 서슴지 않아 이것이 높은 부채비율로 이어져 IMF 외환위기까지 초래하였다. 이를 개선하기 위한 정책당국과 기업의 노력에 힘입어 기업의 부채비율이 현저히 줄어들고 재무구조가 개선되고는 있지만 과거처럼 기업이 적절한 투자마저 주저하고 있는 것은 결코 가볍게 넘길 일이 아니다.

케인즈의 주장대로 투자는 이자율에 의해 결정된다고 한다면 요즘과 같은 저금리의 추세 속에서 기업의 신규투자는 늘어나야 마땅하다. 그런데도 금융기관의 대출행태를 보면 기업대출 대신 가계대출에 치중하고 기업은 투자를 주저하고 있다. 천문학적인 한국의 가계부채가 이를 말해준다. 한국기업이 투자를 기피하는 이유로는 우선 투자하려고 해도 예전처럼 큰 이윤을 기대할 수 없는데다 각종 원부자재 가격상승, 노조의 영향력 증대, 각종 규제 등으로 기업을 둘러싼 제반 환경이 불확실하기 때문이다. 거기에다 기업가를 바라보는 사회의 시각 또한 그렇게 우호적이지 못하다. 그래서 기업하려는 의지가 꺾이고 투자를 망설이게 한다. 그나마 한국경제가 수출과 소비진

작에 의한 내수경기 활성화로 어느 정도의 경제성장률을 유지
할 수 있는 것은 다행이다.

　높은 경제성장률이 꼭 좋은 것은 아니나 적정 경제성장률
을 유지하기 위해서는 그에 따른 적정한 투자가 뒷받침 되어
야 한다. 설비투자가 늘어나면 경제성장률이 높아지고 반대
로 설비투자가 줄어들면 경제성장률이 줄어드는 이른바 설
비투자와 경제성장률 간에는 동행성이 존재한다는 것이 일
반적이다. 또한 투자는 그 이상의 소득의 증가를 가져온다
는 투자승수의 효과를 감안할 때 투자가 얼마나 중요한 것인
가를 알 수 있다. 한 연구에 의하면 경기확장기에 설비투자증
가율이 경제성장률에 기여하는 바가 43%나 되며 경제성장
률이 1% 포인트 상승하는 경우 설비투자는 2.6% 포인트 증
가한 것으로 추정하고 있다. 이를 적용해 본다면 만약 한국
경제가 3%의 성장률을 유지하려면 적어도 설비투자증가율
은 7% 이상 되어야 한다.

　그런 점에서 기업의 낮은 부채비율을 좋아할 것만은 아니
며 더구나 왕성한 투자가 뒷받침 되지 않는 기업의 무차입경
영은 계속기업으로서 성장하는데 한계가 있다. 기업은 어려울

수록 더 끊임없이 투자해야 성장한다. 그러므로 기업가는 현금을 금고에 쌓아두지 말고 금융기관으로부터 적정수준의 돈을 빌려 투자를 늘려야 한다. 내가 강조한 말이지만 갚을 수 있는 차입은 부채가 아니다. 대신 생산적인 곳에 써야 한다.

효율적인 자금조달 방법

사람의 일생은 돈과 시간을 쓰는 방법에 의하여 결정된다. 이 두 가지 사용법을 잘못하여서는 결코 성공할 수 없다.

– 〈지구란 무엇인가〉의 일본작가 다케우치 히토시 (1960~)

인체에 혈액이 흐르지 않으면 생명을 유지하고 행동할 수 없듯이 기업 역시 자금이 없으면 성장도 없고, 현상유지조차 힘들다. 기업 사장님한테 사업하는데 가장 중요한 것이 무엇이냐고 물어보면 서슴없이 자금을 확보하는 것이라고 말한다. 그만큼 기업운영에 있어서 자금은 매우 중요하다는 뜻이다. 사실 자금만 뒷받침된다면 얼마든지 사업을 늘릴 수 있고 큰 돈을 벌 확률을 높일 수 있다. 그래서 기업가의 가장 큰 책무는 자금조달이라는 말까지 있다.

실제 기업현장에서 보면 충분한 자산을 가지고 있는데도 불구하고 현금유동성이 부족하여 회사가 쓰러지는 안타까운 경우가 있다. 흔히 말하는 흑자 도산이다. 또 매출은 급신장하고 있지만 이에 필요한 자금부족으로 어려움을 겪은 기업들을 나는 많이 보아왔다. 항상 느끼는 것이지만 기업가는 자금조달이 얼마나 소중한지를 알면서도 미리미리 자금을 준비하는 자세가 부족하다. 왜 그럴까? 돈을 빌려 쓰는 것을 남이 알까 봐 소극적으로 행동하기 때문이다.

여기서는 기업이 원활한 자금을 받기위해 효율적으로 자금을 조달하는 방법은 어떤 것이 있는지를 살펴보자. 자금조달 방법에는 크게 직접금융과 간접금융이 있다. 직접금융은 투자자가 직접적으로 주식이나 공사채 등의 유통성이 있는 증권을 취득하는 형식으로 행해진 반면 간접금융은 자금공급자와 자금수요자 사이에 금융기관이 개입되어 자금의 흐름을 매개하는 방법을 말한다. 여기에서는 대부분의 기업이 자주 이용하는 방법인 대출을 받는 방법, 지원금과 보조금을 받는 방법, 투자를 받는 방법, 이 세 가지를 알아보기로 한다.

먼저, 대출을 받는 방법이다. 대출은 갚아야 하는 돈이다. 대출을 받는 구체적인 방법으로는 은행차입이 일반적이다. 은행차입을 하려면 담보 혹은 신용보증기관의 신용보증서가 있거나 신용등급이 좋아야 한다. 좀 더 이자가 싼 대출을 받으려면 각종 정책자금을 이용하는 것이 좋다. 처음 창업을 할 때는 대부분 필요한 자금을 친척이나 지인으로부터 차입하는 경우가 많은데 이는 빌리기 쉽다는 장점이 있는 반면 차입을 갚지 못하게 됐을 때 그동안의 신뢰를 잃을 위험이 있다.

위험을 최소화하는 자금조달 방법으로 정부 공공기관과 각 지방단체 등에서 실시하는 지원금과 보조금이 있다. 그러나 이는 신청절차가 복잡하고 자격조건이 까다롭기 때문에 어느 정도 노하우가 필요하다. 이 분야를 잘 아는 전문가와 상담하면 좋을 것이다. 지원금과 보조금의 장점은 조건에 따라서도 달라지지만 상환할 필요가 없는 돈이다. 그러나 금액이 적은 편이고 한정된 기간 내에 자금을 확보해야 하며 받은 후에도 제출서류가 많은 단점이 있다.

투자는 직접금융시장을 통하여 자금을 조달하는 방식이다. 대규모 자금을 조달하는데 효율적인 방법이다. 회사채와 주식발행이 여기에 속한다. 회사채는 갚아야 할 부채이지만 주식은 상환할 필요가 없어 금리부담이 없다는 메리트가 있다. 요즘은 창업기업의 경우에 투자형태인 크라우드 펀딩**Crowd Funding**, 엔젤투자**Angel Investment**, 엑셀러레이터**Accelerator**, 벤처캐피탈을 통해 자금을 조달하는 건수가 꾸준히 늘어나고 있다. 그러나 투자는 받기가 쉽지 않고 투자자의 간섭으로 인하여 여러 가지로 경영활동에 제약을 받는다는 단점이 있다.

　은행 등을 통하지 않고 기업 내부적으로 기업이 자금을 확보하는 방법이 있다. 가장 먼저 떠오르는 것은 매입처에 대한 지급을 미루는 것이다. 예를 들어 어음을 이용하여 지급기간을 3개월에서 6개월로 늘리는 것이다. 주로 큰 기업이 이용하는 방법이다. 또 거래처에 대한 외상매출금을 조기 회수하기 위해서 빨리 돈을 지급하면 할인을 해주는 방법이 있다. 그러나 매입처나 판매처는 신용관계가 성립되어 임의로 지급연장이나 조기 회수에는 한계가 있다.

　이런 점에서 가장 안전한 방법은 정부의 정책자금을 이용하는 방법이다. 정책자금은 정부 부처와 산하기관 등이 예산이나 공공기금 등을 재원으로 기업에게 시장보다 낮은 금리로 대출하거나 투자하는 자금을 말한다. 만약 여러 가지 이유로 은행의 대출이 어려운 경우에는 담보 없이도 창업자금에서부터 회사채 발행, 투자, 보험, 경영컨설팅에 이르기까지 다양한 상품을 운용하고 있는 정책금융기관인 신용보증기금, 기술보증기금, 중소기업진흥공단, 소상공인시장진흥공단 및 지역

별 신용보증재단을 이용하면 좋다. 그밖에 저축은행, 보증보험 회사, 리스, 신용카드사 등 제2금융기관으로 부터도 자금조달이 가능하다. 그러나 물적담보가 있어야 하고 은행에 비해 이율이 높은 편이어서 차입하는데 신중해야 한다.

지금까지 살펴보았듯이 자금조달의 수단은 많지만 어떤 방법이 가장 효율적인가는 그 기업이 처한 상태에 따라서 다르다. 일시적이고 단기적인 사유로 자금이 필요한지, 아니면 회사가 장기적인 관점에서 필요한지에 따라 선택이 달라지고 이자율에 따라 달라질 수 있다. 그러나 주의해야 할 것이 있다. 대부분의 기업은 은행차입을 통한 대출에 의존하고 있다. 대출을 통해서 자금을 조달할 때 조심해야 할 점은 대출을 많이 사용하게 되면 부채가 증가하여 이자비용이 늘어나게 되고 영업이익을 통해 이자를 상환하지 못하게 되면 추가로 빚을 져야하는 악순환이 되풀이되어 결과적으로 파산에 이를 수 있다. 대출이라는 것은 잘 사용하면 매우 효과적으로 사업을 전개할 수 있는 도구인 동시에 단순한 괴로움에서 벗어나기 위한 진통제밖에 안 된다는 두 가지 측면이 있음을 항상 명심해야 한다. 러시아 속담처럼 남의 돈에는 날카로운 이빨이 돋아 있다는 것을 기억해야 한다.

대출을 받으려거든 은행입장에서 생각하라

중요한 질문은 ' 당신이 얼마나 바쁜가? ' 가 아니다. 당신이 무엇
에 바쁜가? ' 가 핵심 질문이다.

– 미국의 여성방송인 오프라 윈프리 (1954∼)

    은행은 다른 사람이 맡긴 돈을 가지고 이자를 붙여 필요한 사
람에게 돈을 빌려주는 금융 중개기관이다. 이러한 금융 중개기
능을 통해서 통화정책을 경제 전반에 파급시키는 중요한 역할
을 수행한다. 미국의 경제학자 킹과 레빈**King and Levine** 교수
는 논문에서 이런 금융 중개기관이 1)기업 활동을 평가하고 관
리하고 자금을 지원함으로써 기업의 생산성을 높이고, 2)유
망한 기업을 선정하여 이들에게 핵심적인 자금공급을 함으로
써 혁신의 성공가능성을 높여 경제성장에 기여하고 있다고 주
장한다.

    그러나 창업기업이나 중소기업 사장이 막상 은행에서 대

출을 받으려면 대기업 비해 여러 가지 조건과 까다로운 절차를 요구한다. 왜 은행은 대기업에 비해 창업기업이나 중소기업에 대해 차별적 금융을 하게 되는 것일까? 그 이유를 알아야 한다. 중소기업 사장이 은행으로부터 대출을 잘 받기 위해서는 상대방인 은행의 입장에서 생각해보고 대응책을 찾아 보는 것이 현명한 방법이다. 은행이 중소기업 대출을 꺼리는 원인으로는 다음 네 가지로 정리해 볼 수 있다.

첫째, 중소기업에 대한 차별적 금융을 하는 가장 본질적인 요인으로 중소기업 금융에는 거래비용이 높다는 사실이다. 거래비용이 높다는 것은 근본적으로 대출시장에서 거래에 따른 불확실성이 크다는 것을 의미한다. 중소기업은 대기업에 비해 부실가능성이 높아 여신심사와 관리 및 회수 등에 따른 단위당 고정비가 높은 편이다. 이런 문제점은 금융시장의 효율성 여부와 관계없이 발생하는 것으로 일종의 시장실패에 해당된다. 설사 중소기업과 대기업 공히 채무불이행위험이 같다고 해도 은행은 1억 원의 중소기업대출 100건을 취급하는 것 보다 100억 원의 대기업 대출 1건을 취급하는 것이 훨씬 거래비용이 적게 들것이다.

둘째, 중소기업 금융에는 이른바 정보의 비대칭성이 강하게 나타나는 문제점이 지적되고 있다. 정보의 비대칭성이란 객관적 정보의 부족으로 인해 은행에 대출을 받으러 오는 차입자가 우량한지, 아니면 불량한지 정확히 알아낼 방법이 없어 대출결정을 담당하는 은행실무자로 하여금 중소기업 차입자에 대한 신용평가나 사후적인 감시에 따른 불필요한 비용을 발생시키게 된다. 이러한 정보의 비대칭성으로 인한 위험증대에 대응하여 은행은 대출계약시에 담보나 신용보증서를 요구하거나 사후적인 감시등을 통하여 차입자의 행동을 제한하게 된다.

셋째, 중소기업금융은 리스크가 높아 일반대출금리보다 상대적으로 높은 이자율을 적용해야 하지만 은행은 그렇게 하지 않는다. 그 이유는 그동안 정책당국에 의해 낮은 이자율을 적용하도록 통제받기도 하였지만 은행이 더 많은 이익을 내기 위해 중소기업에 대한 이자율을 높이게 되면 우량한 고객은 대출시장을 떠나고 대신 비싼 이자를 내더라도 대출을 받겠다는 채무불이행이 높은 불량한 고객만 은행을 이용하기 때문이다. 전문용어로 역선택을 할 가능성이 높다. 역선택**Adverse Selection**이란 정보의 비대칭성으로 인해 불리한 의사결정을 하는 상황을 말한다. 그 결과는 은행의 손실을 확대시키게 된다. 이와 같이 중소기업이 지니고 있는 높은 리스크 때문에 은행은 낮은 금리를 적용하면서도 그들이 원하는 당초금액보다 대출을 축소하거나 담보를 요구하게 된다. 이것이 소위 신용할당Credit rationing 이다.

넷째, 대부분의 중소기업은 은행이 요구하는 물적 담보를 충분히 보유하고 있지 않다. 그럼에도 은행은 중소기업금융에 내재된 높은 채무불이행 위험과 이를 평가할 수 있는 신용정보의 부족을 보상받기 위해 더 많은 물적 담보를 요구하게 된다. 이러한 은행의 담보위주관행은 중소기업의 신용대출을 약화시키고 신용사회의 구현을 더디게 한다. 은행의 입장에서도 물적 담보에만 의존하게 되면 고객이 지급불능상태에 빠지게 될 때 해당 담보가치가 현저히 떨어져 완전한 대출채권회수를 기대할 수 없게 된다.

이처럼 중소기업의 높은 거래비용과 정보의 비대칭성, 높은 채무불이행위험과 담보부족의 구조적 문제로 인해 은행은 창업기업과 중소기업의 대출에 소극적이게 되는데 이를 해소할 수만 있다면 은행은 중소기업 대출에 적극적이게 될 것이다. 따라서 대출을 받고자 하는 중소기업 사장은 중소기업이 안고 있는 위 네 가지 원인 중 정보의 비대칭성을 해소하는 방법을 숙지하고 익힐 필요가 있다.

정보의 비대칭성을 해소하는 방법은 첫째, 주거래 은행을 선정하여 한 은행과 거래를 오래 지속시키는 방법, 둘째, 신용평가가 좋도록 재무관리를 잘하는 방법, 셋째, 경영의 투명성을 높이는 방법이 있다. 은행을 자주 바꾸는 것은 정보의 비대칭성 측면에서 결코 바람직하지 않다. 결국 은행이 대출을 꺼리는 데는 차입자를 믿지 못하거나 잘 모르겠다는 뜻이나 다름없다. 만일 돈을 빌리는 중소기업 사장의 생각이 어떻고 앞으로의 사업계획은 무엇이며 대출은 언제 상환될지를 알게 된다면 은행은 대출을 꺼릴 하등의 이유가 없다.

'은행과 자주 접촉하고 은행원처럼 생각하라'

이것이 은행으로부터 대출을 잘 받는 가장 좋은 노하우다.

신용보증기관 이용할 때 유의할 점

절대 화내지 마라! 절대 협박하지 마라! 논리적으로 설득하라!

<대부>의 작가 마리오 푸조(1920~1999)

　창업기업과 중소기업이 은행 등에서 대출을 받으려고 할 때는 물적 담보가 있어야 하지만 담보가 없거나 이미 다른 은행에 담보가 설정되어 있다면 어떻게 해야 할까? 이때는 망설이지 말고 신용보증기관을 찾아가서 상담하면 된다. 현재 신용보증기관으로는 신용보증기금, 기술보증기금과 각 지역에 있는 신용보증재단이 있다. 이들 보증기관은 담보를 잡지 않고 서류만으로 신용도 여부를 평가하고 심사하여 기업이 필요한 자금을 조달받도록 돕고 있다.

　그러나 담보가 아닌 순수한 신용만으로 하기 때문에 반드시 신용조사와 신용평가를 걸쳐 지원여부를 결정하게 된다. 그

동안 내가 상담한 경험과 이들 기관의 자료를 바탕으로 신용보
증기관에서 원하는 금액을 어떻게 하면 잘 받을 수 있고 유의
해야 할 점은 무엇인지를 살펴보기로 한다.

첫째, 신용보증기관의 신용등급은 재무적 항목과 비재무
적 항목으로 평가한다. 중소기업에 대한 신용등급은 특성상 재
무적인 항목보다 비재무적 항목에 더 가중치를 부여하고 있
다. 재무적 항목은 결산재무제표와 추청 재무자료를 받아 산
출되지만 비재무적 항목은 어떻게 평가하는 것일까? 대표자
의 업력, 연체여부, 체납정보, 부채상황, 거래처 신용도 등 여
러 가지가 있다. 그러려면 신용등급을 내기 위해 사전에 신용
평가를 해야 하는데 그 이유는 과연 그 기업의 부도율이 얼
마인지를 예측해야 하기 때문이다. 내가 그동안 여러 데이터
를 연구하고 분석한 바로는 중소기업은 재무적 항목보다 비
재무적 항목이, 그 중에서도 금융기관의 연체기록이 가장 높
은 신용판별력을 나타내고 있다. 따라서 금융거래 상황확인
서에 일정기간 연체가 있어서는 안 된다. 비재무적 항목 중 1
년 이내에 대표자의 사업장 또는 대표자 거주 주택에 압류, 가
압류, 가처분, 경매 사실 등 법적침해가 있으면 일정시간이 지
나야 하고 조세공과금의 체납이 있어도 신용보증을 받는데 제

한을 두고 있다. 또 경영실권자, 대표자, 임원, 주주 등에 신용불량자가 있으면 안 된다. 이를 피하려고 대표자를 변경하는 경우가 있는데 1년 이내에 변경사실이 있으면 제한사항이다. 따라서 기업은 어떠한 방법으로든 이러한 문제점들을 해소하고, 실무담당자에게 상응하는 해명을 통해 충분히 이해를 시켜야만 한다.

둘째, 금액한도사정은 운전자금과 시설자금으로 나눈다. 운전자금의 경우 매출액과 추정매출액의 일정한도 내에서 검토가 이루어진다. 대략 운전자금은 과거 매출액이나 추정매출액의 1/4수준에서 검토하게 되는데 이것은 실제 매출이 일어나면 1회전 결제기간을 3개월 정도로 예상한데서 나온 것이다. 업종에 따라 정책상 우대해주는 금융상품에 해당되면 그 기업은 더 많이 받을 수가 있다. 이때 운전자금을 사정할 때는 타 금융기관이나 신용보증기관의 차입금을 전부 합산한다. 시설자금은 원칙적으로 매출액 기준이 아니라 소요자금 범위 내에서 검토한다. 매출이 전혀 없어도 지원이 가능하다. 그러나 금액도 크고 장기인데다가 위험부담이 많아 실무자들이 신중을 기하는 편이다. 그러나 시설자금은 취득 후에 예상되는 담보평가 금액이나 원리금 상환능력을 검토한 후 지원하게 된다.

셋째, 신용보증서 신청은 상담시기부터 중요하며, 재무제표나 실적지표에 따라 자금조달의 시기를 잘 판단해야 한다. 전산망에 의해 다른 지점에서도 조회가 가능하기 때문에 2개 지점과 이중 거래하는 경우는 불가능하다. 창업 단계의 경우 신용보증서를 발급받으면 6개월~1년 이내에는 추가 보증신청서의 접수를 거의 받지 않는다. 또 기업이 보증신청을 하고 부적격 판정을 받은 경우에는 일정기간이 지나야 재신청 접수를 할 수 있다. 창업초기 단계에서 보증신청을 하는 경우와, 창업 단계의 기업이 일정기간 경과 후 매출실적과 결산서류가 있는 상태인 경우는 보증금액에 상당한 차이가 있을 수 있으므로 자금조달의 시기를 신중히 해야 하고 가급적 결산시점이 지난 후 신청하면 좋다.

넷째, 허위서류는 심사과정, 현장실사, 과거 자료검토 등에 의해 확인될 수 있다. 자금 조달 금액을 늘리기 위해 신청서가 허위로 작성되어 심사과정이나 현장실사에서 사실이 아닌 것이 입증되면 향후 자금조달 하는데 문제가 발생함은 물론 특히 위장증자와 같은 경우는 형사고발을 당할 수 있다. 모든 금융기관이 분식회계에 대해서는 매우 엄격한 잣대를 적용하고 있다. 회계처리는 가수금과 가지급금, 재고자산에 특히 유의해야 한다. 미정리된 가수금으로 인한 부채비율의 상승

은 자금조달을 어렵게 할 수 있다. 차입금이 전혀 없는 회사일
지라도 필요한 부족자금을 대표이사의 개인자금으로 충당하면
서 자본금 전입을 하지 않고 가수금으로 남겨두게 되면 부채
비율이 올라가 정책자금 등을 받기가 어려워질 수 있다. 그래
서 신용보증기관을 이용할 때는 약간의 스킬이 필요하다.

첫째, 신용보증기관과 은행 등 금융기관에서 문제점으로 지
적하는 사항에 대해서는 충분한 자료나 논리를 준비하여 대
응을 해야 한다. 심사자가 서류만으로도 이해될 수 있도록 사
업의 핵심요소와 강점을 최대한 부각하고 특허 등 지적 재산
권이 많이 보유하고 있으면 유리하다. 자금조달 추진과정에
서 부동산 가압류, 일시적인 카드연체, 매출감소 등의 문제
에 대해서는 본인이나 기업의 직접적인 귀책사유가 아닌 경우
에는 적극적으로 해명해야 한다. 창업 및 중소기업 지원제도
는 당장 요건에 해당하지 않더라도 향후를 위해 준비를 해 나
가는 것이 좋다.

둘째, 업종의 제한적 요건이나 가점이 되는 요건이 있는
지 점검하고, 자격요건을 갖추기 못하여 여의치 않을 경우에
는 다른 금융기관의 좋은 조건이 있는 자금조달 방법을 선택
할 수 있다. 그래서 회사에 많은 정보가 오도록 신용보증기

관, 고용노동부, 중소벤처기업부, 중소기업진흥공단 등의 사이트는 꼭 가입하는 것이 좋다. 인원을 계속 충원하고 있거나 충원 계획이 있을 경우 정부보조금 사업에 해당되는지 면밀히 검토하고, 사전 또는 사후적으로 대응해야 한다.

셋째, 자금을 많이 받으려면 예비창업자, 창업초기단계, 성장 단계 등 업력에 따라 달라진다. 창업초기단계에서는 금액의 많고 적음이 관건이지 자금조달에 있어서는 가장 유리한 단계에 있다. 그 다음 추가보증을 받기 위해서는 재무제표의 안정성과 매출액 신장이 중요하기 때문에 매출액을 적극적으로 늘릴 필요성이 있다. 또 다른 업종보다 제조업이 유리하므로 도소매업일지라도 공장 없이 외부에서 제조할 경우 제조업으로 전환하는 방안을 강구할 필요가 있다.

그러나 가장 중요한 것은 기업의 신용이 좋으면 원하는 금액을 낮은 금리로 받을 수 있고 그렇지 않으면 적게 받거나 거절된다는 점이다. 돈을 빌리려는 중소기업자와의 실질적인 대면 없이 컴퓨터로 자동 처리되어 나온 계량적 결과로만 자금의 수용여부를 결정하는 것이 과연 옳은 방법인가는 차지하더라도 현실적으로는 그런 금융시스템이 적용되고 있기 때문에 기업은 먼저 재무제표 작성에 주의를 기울이는 것이 중요하다. 한

번 잘못 반영된 재무제표는 일정기간 수정이 불가능하므로 기업이 투자나 자금을 받으려 할 때는 신중해야 한다.

기본적으로 자금을 공여하는 신용보증기관 입장에서는 그 기업의 신용여부를 파악하는 것이 중요한데 신용이란 한마디로 과연 그 기업이 갚을 능력이 있는지. 또 하나는 갚을 의사가 있는지 이 두 가지를 알아보려는데 있음을 알아야 한다.

냉철한 머리와 따뜻한 가슴

매사가 잘 돌아갈 때일수록 불운이 닥칠 때를 대비하라.

<영웅론>의 저자 발타자르 그라시안 (1601~1658)

냉철한 머리와 따뜻한 가슴을 가져라.

영국의 경제학자 알프레드 마샬이 한 말이다. 그가 1885년, 캠브리지 대학의 경제학 교수 취임 강연에서 '냉철한 머리와 따뜻한 가슴'을 갖고서 자기주위의 사회적 고뇌와 싸우고 고상한 생활을 위한 물질적 수단을 모든 사람에게 주려고 최선을 다하려는 학생들이 될 것을 요구하면서 이를 위해 자신의 모자란 재능과 한정된 힘을 다해서 일을 한다는 것이 가슴 속 깊이 숨겨진 염원이며 또 최고의 노력이라고 강조하였다. 또한 효율 못지않게 형평을 강조하는 그의 따뜻한 휴머니

즘의 경제관에서 저절로 머리가 숙여진다. 그런 노력의 덕분인
지 그는 캠브리지 대학 경제학부의 실질적인 창시자로서 케인
즈, 피구, 로빈슨, 로버트슨 등 기라성 같은 수많은 경제학자들
을 길러냈다. 약자를 외면하지 않는 따뜻한 마음과 문제의 본
질을 꿰뚫어 볼 수 있는 날카로운 지성을 모두 갖춘 경제학자
가 될 것을 요구하는 이 말에서 나는 깊은 감동을 느끼게 된다.

기업가 역시 냉철한 머리와 따뜻한 가슴이 필요하다. 날이 갈
수록 경쟁이 치열해지고 경기상황마저 좋지 않는 여건에서 기
업의 연체율이 상승하고 도산하는 기업체가 늘고 있다. 도산
이 늘고 있다는 그 사실 자체가 기업가에게 심한 스트레스
와 긴장감을 준다. 그러나 기업가는 항상 도산의 위험을 짊어
지고 있지만 그것을 깊이 자각하고 있는 기업가는 드물다. 특
히 회사경영이 잘 될 때는 더욱 그렇다. 대부분의 기업가는 도
산이란 말을 알고 있지만 그것은 타인에게나 일어날 수 있
는 일이지 자신과는 무관한 일로 생각하기가 쉽다. 그러나 주
변에서 도산하는 기업을 보게 되는 것은 엄연한 현실이다.

도산을 하게 된 이유는 천차만별이지만 대부분 경기가 좋
을 때 더 많은 이익을 위해 무리한 투자를 하거나 불황을 예

상하지 못하고 너무 자만하게 운영해서 도산하는 경우가 많다. 잘나가는 기업도 막상 경기가 어려워지면 우왕좌왕하게 되어 적자를 면치 못하게 된다. 이를 메우려고 친구, 친척, 심지어 사채까지 빌리며 무리한 경영을 하다가 결국 도산하게 되는데 모두가 알다시피 도산의 결과는 비참하다.

그러면 도산을 방지하고 올바른 경영을 하려면 어떻게 해야 할까?

첫째, 사물을 냉철하게 분석하는 힘이 필요하다. 어려움이 발생하게 되면 무엇이 잘못되어 있고 어디에서 해답을 찾아야 하는지 분석하는 냉철한 머리가 필요하다. 그런데 기업가 대부분이 눈앞에 놓여있는 선택에만 치중한 나머지 나중에 더 큰 화를 자초할 무리수를 두게 되는 경우가 많다. 기업은 어려울수록 기본으로 돌아가라는 말이 있는데 그 기본이란 다름 아닌 원칙을 지키는 것이다.

둘째, 단순하게 생각하는 것이다. 사람들은 단순히 생각해야 할 것을 너무 거창하고 복잡하게 대하는 경향이 있다. 예컨대 주식투자를 할 때도 내릴 때 사서 오를 때 파는 단순한 진리를 너무 복잡하고 어렵게 대하곤 한다. 기업이란 좋을 때가 있으면 나쁠 때가 있기 마련인데 그 주기에 맞는 단순한 대응 매뉴얼을 갖추고 있으면 도산과 같은 최악의 상황은 방지할 수 있다.

셋째, 고객과 늘 함께하는 경영이 필요하다. 고객의 최대저항은 소비하지 않는 것이다. 기업의 도산이란 결국 고객의 외면이다. 오랜 자본주의 역사에서 부Wealth는 그저 주어지거나 얻어지는 게 아니다. 제품에 대한 끊임없는 노력과 고객의 마음을 헤아릴 줄 아는 정성이 있어야 한다. 그런 고객이 기업가의 진심을 평가하고 가치를 부여해 준다. 그러므로 고객에게 언제나 애정과 따뜻한 가슴을 보여줘야 한다.

세상에는 변하지 않은 진리와 원칙이 있다. 오랜 삶의 경험을 통해서 터득한 부모의 지혜는 자녀들에게 소중한 교훈을 던져주듯이 오랜 역사를 자랑하는 기업가에게는 그들만의 비결이 숨어 있다. 그 비결이란 거창한 것이 아니라 일반 모두가 아는 극히 평범한 것들이다. 다만 일반 사람들은 실천하지 않을 뿐이다. 그래서 기업가는 호황일 때야 말로 늘 불황에 대비하는 자세를 가져야 한다. 세계적인 기업인 삼성전자도 호황일 때 불황에 대비해 꾸준히 투자하는 노력을 아끼지 않고 있다. 잘 나가고 있는 기업가에게도 방심은 절대 금물이다.

지금부터 130여년 전에 '냉철한 머리와 따뜻한 가슴'Cool Head, Warm Heart을 가지라고 강조한 알프레드 마샬의 이 말은 오늘날 기업가에게도 좋은 지침서가 되고 있다.

빠져나오는 것도 전략이다

작은 회사의 전략은 두 가지이다. 살아남는 것과 돈을 버는 것이다.

－ 유럽의 투자가 앙드레 코스톨라니 (1906~1999)

기업가는 기업이 어느 정도 안정과 성숙단계에 이르면 앞으로 어떻게 해야 할지 다음 단계를 생각해야 한다. 계속기업으로서 지속적인 성장을 추구하는 것이 가장 바람직하겠지만 급변하는 시장 환경의 변화 속에 기업의 앞날은 그 누구도 알 수가 없다. 내가 항상 강조한 것은 기업이 잘 나갈 때 향후 어떤 선택을 해야 할지를 고민해야 한다는 점이다.

성장단계에 있는 기업이 앞으로의 사업방향을 선택할 때 쓰는 방법의 하나가 바로 출구전략이다. 원래 출구전략은 군사적 용어이지만 가급적 손해를 줄이고 빠져 나온다는 의미를 담고 있다. 기업에서의 출구전략은 주로 창업가와 투자자가 그동안의 노력을 금전적으로 보상받고 싶어서 투자한 자금을 현금으로 찾아오는 의미로 쓰이고 있다. 몇 가지 사례를 들어보자.

2010년 창업한 '록앤올' 회사는 2011년에 국민내비 스마트폰 앱 '김기사'를 개발했다. 그리고 창업 5년도 안 된 2015년에 다음카카오에 626억 원에 매각했다. '이니시스'의 창업가는 610억원에 회사를 매각하고 스타트업 엑셀러레이터를 설립하여 여러 기업의 창업을 이끌고 있다. 검색엔진 개발업체 '첫눈'의 창업가 역시 창업한 후 그 이듬해에 315억 원에 회사를 매각하였다. 그 뒤 엔젤투자자로 변신하여 활동 중이다. 이렇듯이 기업을 창업한 뒤 잘 나갈 때 출구전략을 통해서 투자자금의 몇 배를 회수한 다음 자신이 진짜 하고 싶은 일을 하는 새로운 발상의 창업가들이 늘어나고 있다.

출구전략의 대표적인 유형으로는 다음 네가지가 있다.

첫째, IPO 하는 방법
둘째, 사업 승계하는 방법
셋째, M&A 방법
넷째, 청산 및 파산하는 방법

IPO **Initial Public Offering**는 기업공개 또는 최초 상장을 뜻하며 외부 투자자가 공개적으로 주식을 매수할 수 있도록 기업이 자사의 주식과 경영내역을 시장에 공개하는 것을 말한다. 출구전략으로 한국에서는 IPO가 일반적이지만, 미국에서는 M&A를 선호한다. 그러나 IPO는 말이 쉽지 그야말로 많은 시간과 복잡한 절차들이 있어서 여간 어려운 게 아니다.

사업승계는 친척이나 제3자에게 사업을 물려주는 것을 말하다. 기업가의 경력은 언젠가 퇴임할 날이 온다는 점에서 공통적이다. 문제는 사업을 승계할 사람이 있다면 다행이지만 그렇지 않으면 제3자에게 매각하거나 회사를 그만하겠다는 청산절차 등을 밟아야 한다.

M&A는 2개 이상의 기업이 하나의 기업으로 통합되어 단일 기업으로 형성하는 합병과 하나의 기업이 다른 기업의 주식이나 자산의 일부 또는 전부를 취득함으로써 그 기업의 경영권을 확보하는 인수를 다 포괄하는 개념이다. 기업의 지속적인 성장전략의 하나로 가장 많이 사용하고 있으며 오늘날 많은 기업가들이 이 방식을 통해서 규모의 성장을 꾀하고 있다.

청산은 해산된 기업이 존립 중에 발생한 재산적 권리의무를 정리한 후 기업의 법인격을 소멸시키는 것을 말하며 파산은 채무자가 채권자로부터 빚을 빌린 개인이나 단체가 빚을 완전히 갚을 수 없는 상태를 가리키는 법률 용어이다. 만약 기업이 경쟁력을 상실하거나 경영환경이 급변하였을 때는 생존 내지 회생을 위한 구조조정을 실시하는데 우선 회생이 가능한지 여부에 따라 회생절차, 워크아웃Work-out(기업개선작업)을 개시하거나 청산 또는 파산절차에 들어가게 된다.

기업은 창업가의 기술개발 또는 아이디어의 사업화를 통한 스타트업 단계, 초기 및 후기 성장 단계, 성숙 단계, 재도약 또는 쇠퇴 단계를 통하여 생명주기가 이루어지고 있다. 기업의 생명주기가 중요한 이유는 기업이 효과적으로 경쟁시장에서 경쟁력을 보유하기 위하여 단계별 접근 전략의 차별화를 가져가기 위한 기본요소이기 때문이다. 기업가는 기업성장 단계와 죽음의 계곡과 같은 단계별 위험요인을 사전에 파악하고 대응할 수 있는 성장전략을 수립하는 것이 중요하다.

많은 성공기업이 몇 번의 위기를 경험하고 이 위기를 기회로 변환시키는 노력을 통해 지속적인 성장을 해왔다. 그러나 '어떻게 세운 회사인데 매각을 하느냐?' 하는 반론과 '회사가 좋을 때 매각'이라는 선택사이에서 기업가의 의사결정이 늦어지고 타이밍을 놓치게 된다. 정작 포기해야 할 때 좀처럼 포기하지 못하는 것이 인간의 심리다. 그래서 손해를 보기 십상이다. 이런 점을 이해한다면 성장단계 이후의 기업은 여러 가지 대안 중 출구전략을 한번쯤 진지하게 고민해볼 필요가 있다.

당신에게 일은 무엇입니까?

그대는 두개의 손과 한 개의 입을 가지고 있다. 그 뜻을 잘 생각해보라. 하나는 노동을 위해서, 다른 하나는 식사를 위해서 있다.

— 독일의 철학자 하인리히 리케르트 (1863~1936)

사람은 뭔가를 팔면서 생활한다. 살기 위해서는 먹어야 하고 먹기 위해서는 벌지 않으면 안 된다. 그러기 위해서는 일을 해야 한다. 그런데 일이란 무엇인가? 뭔가를 판다는 뜻이다. 노동자가 노동을 팔고 기업가가 상품을 팔고 교육자가 지식을 파는 것과 같이 사람의 일에는 무엇인가 파는 행위와 관련되어 있다. 그리고 일에는 당연히 대가로 돈을 받는다는 의미가 있다. 그러나 '일 = 돈'이라는 것은 하나의 측면일 뿐 그것만이 전부는 아니다.

예를 들면 빌 게이츠와 같은 세계 부호들은 평생동안 쓸 수 없을 정도의 많은 돈을 가지고 있지만 그래도 정력적으로 일을 하고 있다. 또 봉사활동이나 사회적 기업 등에서 일하는 사람은 일한 보수가 '돈'으로는 별로 들어오지 않아도 활기가 넘치게 일하고 있다. 그들에게 일은 돈보다 삶의 보람에 충실감을 느끼고 있는 것처럼 보인다.

이런 점에서 일과 노동이라는 것은 같은 의미로 쓰이지만 동의어는 아니다. 일하는 것이 돈을 버는 수단에 지나지 않을 때 그것은 단지 노동이고, 일하는 것이 돈을 버는 수단뿐만 아니라 일하는 것 자체 속에 기쁨과 보람이나 자신의 인생의 목적이 담길 때 그것은 일이다. 그만큼 사람들에게 일이란 중요한 의미를 갖는다.

내가 알고 있는 사장님은 75세의 연세임에도 기업현장에서 아직도 왕성하게 일을 하고 있다. 그 사장님한테 '당신에게 일이란 무엇입니까?'라고 물었을 때, '나에게 일이란 사랑의 표현입니다'라고 답했다. 그 사장님은 일을 사랑하고 일을 통해서 '열정'과 '성장'을 찾고 있는 것이다. 그 사장님에게 일은 더 이상 단순한 노동이 아니다.

그런데 자신에게 맞는 일이 없거나 자신이 원하는 일을 모를 때, 혹은 일에서 목적이나 보람을 찾을 수 없을 때 우리는 일에 대해서 근본적인 의문에 부딪치게 된다. 그래서 직장에 사표를 쓰거나 아예 취업을 단념하는 자발적 실업자로 남게 된다. 요즘에는 취업 대신 창업을 통해서 자기가 좋아하는 일, 사랑하는 일을 찾으려는 사람들의 비율이 늘고 있다. 직장인은 일정시점이 아니더라도 퇴직을 강요받는 경우가 있지만 창업자는 사업을 잘 영위하게 되면 평생 일을 할 수가 있기 때문이다. 한마디로 정년 없이 살 수가 있다.

그렇다면 기업가에게 일은 무엇이고 무엇을 찾으려는 것일까? 기업가는 생산에 필요한 노동과 설비 등을 투입하여 가치라는 상품을 만들어내는 사람들이다. 이를 위해 쉬지 않고 발로 뛰고 연구개발을 한다. 비록 하고 싶지 않고, 좋아하지 않는 일일지라도 고객의 가치를 위하는 것이라면 기꺼이 해야만 한다. 물론 하고 싶은 일과 좋아하는 일, 잘한 일을 하면 더욱 좋겠지만 동시에 다 만족시키기는 어렵다. 좋아한다고 해도 재능이나 능력이 있는지는 또 다른 문제이고 하고 싶어도 못하는 일이 있는 것이 현실이다. 대부분의 성공한 기업가는 자신이 일을 좋아하니까 했다기보다는 가치라는 상품을 만드는데 진지하게 임하고 즐거움을 느껴 재미있고 좋아하게 되었다고 말하고 있다.

이처럼 기업가에게 일은 떼려야 뗄 수 없는 관계다. 기업가로 산다는 것은 평생 일을 한다는 뜻이다. 그만 쉴 때가 되어도 계속 일에 미련을 못 버리는 까닭은 그들에게는 돈이 전부가 아니기 때문이다. 사람들은 일이야말로 사람을 살리고 있다는 것을 잊고 있다. 주변에서 보면 오래 살고 있는 사람들의 대부분은 현역으로 일하는 사람들이다. 적어도 일하고 있는 사람들은 살아있다는 증거이다. 은퇴 없이 현역에서 여전히 활동하는 기업가에게 '일하는 의미'는 돈을 벌어들이는 단순한 노동을 넘어 일 자체에서 큰 기쁨을 느끼는 삶의 활력소와 같은 것이다. 그러니 일하는 것 자체가 즐거운 것이다.

인간은 일하기 위해 태어난 '호모 라보란스'Homo laborans 이다. 일을 제외하고는 나머지는 좋아하다가도 금방 싫증을 느끼는 것이 인간이다. 아무리 낚시를 좋아하는 사람일지라도 며칠간 쉬지 않고 계속하게 되면 피로를 느끼고 싫증이 나지만 좋아하는 일을 하게 되면 며칠간 잠을 자지 않아도 피곤함을 모른다. 더욱이 기업가는 가치를 통해 성과를 내기 위해 남보다 몇 배나 더 일을 한다. 하루 24시간이 모자랄 정도이다. 어느 광고의 표현처럼 열심히 일하는 당신, 이제 떠나라 해도 여전히 일에서 떠나지 못하는 것이 기업가다. 기업가에게 일은 즐거움인 동시에 싫어도 해야만 하는 숙명일지 모른다. 그래서 열심히 일하는 당신에게 묻고 싶다.

'당신에게 일은 무엇입니까?'

최고의 자산이란 돈을 버는 능력이며, 최대의 자원은 당신의 시간
이다.

– 〈백만장자 코드〉의 작가 브라이언 트레이시 (1944~)

대부분의 사람들은 많은 돈을 벌고 싶고 성공해서 억만장자
가 되기를 원한다. 그러기 위해서 노력만 하면 언젠가는 달성
될 수 있을 거라고 말한다. 과연 노력만 하면 억만장자가 될 수
있을까? 안타깝게도 현실은 그렇지 않다. 아무리 노력해도 억
만장자가 되지 못하는 경우가 비일비재하다.

365일 아침 일찍 일어나서 자는 시간도 아껴서 억만장자가
되기 위한 노력을 해도 모두가 되는 것은 아니다. 왜 주변의 많
은 사람이 결코 게을리 하는 것도 아닌데 억만장자가 되지 못
하는 이유는 무엇일까? 노력이 아니라고 하면 도대체 그 차이
는 무엇일까? 재능일까, 능력일까? 아니면 좋은 대학을 졸업
하였기 때문일까? 굳이 억만장자가 아니더라도 오랫동안 살아
남는 성공한 기업가와 부자들을 보면 비록 사소한 것일지라도
확실히 남과는 다른 무엇인가가 있다.

　지금까지 수많은 기업가의 성공과 실패로부터 경험이 축적되고 지식이 쌓이면서 이를 체계적으로 연구하는 학자들이 생겨나고 일부는 공식과 법칙들을 만들었다. 성공한 기업가들이 말하는 경영어록은 생생한 체험에서 우러나오는 것으로 결코 가볍게 보아서는 안 된다. 그간 많은 학자들의 연구와 앞선 기업가들의 성공과 실패사례를 통해서 창업자들은 기업운영에 대한 상당한 경영노하우도 알게 되었다.

　어떤 기업가는 정석의 코스를 밟아 순탄하게 성공의 문에 이르는 경우가 있지만 대부분은 저마다 다른 철학과 행동을 갖고 성공의 길에 도달하였다. 그렇지만 그 비결과 노하우는 거창한 것이 아니라 지금까지 다 알려지고 전해진 내용들이다. 다만 실천하지 못했을 뿐이다. 성공은 마치 손에 잡히지 않는 사랑과 같아서 측량할 수 없는 보편적인 수단이긴 하지만 최종적으로 성공 여부를 판정해줄 심판은 단 한 가지, 〈결과〉밖에 없다. 결국 살아남는 것은 결과로 증명할 수밖에 없다.

　그동안 많은 학자들이 연구한 결과와 수많은 성공기업인이 말하는 생생한 체험, 그리고 내가 관찰한 성공한 기업가들의 자세와 마인드를 종합해 보면 끝까지 살아남는 방법은 다음 10가지로 요약된다. 그 비결과 노하우를 익히고 배우는 것이 오래 살아남는 기업성공의 가장 빠른 지름길이다. 이를 알기 쉽게 사례와 함께 알아보기로 하자.

1. 다르게 생각하라

대부분의 기업가는 남들보다 잘하려고 한다. 그러나 남들보다 잘하는 것 보다 남들과 무엇이 다른가를 고민해야 한다. 세계적인 부를 이룬 기업가는 후자처럼 남과 다르게 생각하고 행동하였다. 스티브 잡스의 경영화두는 항상 다르게 생각하라는 것이었다. 주식의 귀재인 앙드레 코스톨라니는 대중의 생각과 반대로 투자하여 큰 성공을 거두었다. 이처럼 다르게 생각하여 성공을 거두려면 다음과 같은 간단한 〈성공적인 생각의 공식〉을 알아두면 좋다.

1) 왜 ○○ 할 수 없는 것인가?
2) ○○가 없기 때문이다.
3) 그렇다면 ○○이 없어도 할 수 있는 방법은 없는가?

가령,
– 왜 나는 사업을 못하지?

　－ 돈이 없기 때문이다.

　－ 그러면 돈 없이도 사업을 할 수 있는 다른 방법은 무엇이 있지?

　이렇게 생각하는 법을 익혀서 실천하게 되면 성공을 할 수 있다.

　1853년 미국의 오티스사가 처음으로 엘리베이터를 만들었을 당시에는 속도가 너무 느려 사람들의 불만이 이만저만이 아니었다. 속도를 빠르게 하려면 그만큼의 시간과 기술, 그리고 돈이 들기 때문에 고민에 빠진 회사는 한 여성 관리인 아이디어로 엘리베이터 옆에 거울을 설치했다. 거울을 설치한 후 거짓말처럼 이용자들의 불만은 크게 줄었고 기업의 경비 절감과 이용자들의 불만해소도 동시에 해결됐다.

　1950년 맥아더 장군이 인천상륙작전을 계획했을 때도 미군 수뇌부는 인천은 조수간만의 차와 항공지원의 항속거리 밖에 있다는 이유 등으로 반대했으나 맥아더 장군은 '북한군 지휘관들도 당신들과 같이 훌륭한 장군이다. 여러분이 불가능하다고 생각한다면, 북한군 장군들도 불가능하다고 판단할 것이며, 따라서 인천은 방비가 소홀할 것이다. 바로 이 허점을 친다면 성공할 수 있다'며 강행하여 결과적으로 대승을 거뒀다. 이처럼 남과 다르게 생각하고 다르게 행동하는 것이 성공한 기업인의 첫 번째 특징이며 오늘날에도 여전히 유효한 공식이고 법칙이다.

2. 크게 생각하라

사람은 물을 마시지 않고 열흘을 이겨낼 수 있고, 음식을 먹지 않고 일주일을 견딜 수 있으며 숨을 쉬지 않고 2분을 버틸 수 있지만 꿈이 없다면 1분도 살수 없다. 성공한 기업가는 그 꿈을 실현하기 위해 먼 미래를 보면서 시대를 앞서가는 사람이다. 결코 시대를 쫓아가는 법이 없이 오히려 시대를 변화시키고 리드해 나가는 사람이다. 손정의는 24살의 나이로 창업을 하면서 아르바이트생을 포함한 단 3명의 앞에서 내가 장차 1주엔 이상의 매출을 올릴 것이라고 연설하였다. 그러자 다음 날, 회사에는 아무도 출근하지 않았다. 너무 어처구니없고 허황되게 들려서 죄다 그만 둔 것이다. 지금은 그의 재산은 얼마인가? 수십조 엔을 훨씬 넘는다. 손정의는 앞으로 전 세계를 인터넷으로 연결하겠다는 야심찬 계획을 발표한 바 있다.

  엘론 머스크는 1995년, 24살의 대학원생으로 '집투'**ZIP2** 라는 회사를 설립하고, 창업 4년 만인 1999년에 컴퓨터 제조업체인 '컴팩'에 팔았다. 그의 손에 2,200만 달러(한화 240억 원)가 들어왔을 때, 그의 나이는 28살에 불과했다. 그리고 '집투'를 매각하여 얻은 돈으로 온라인 금융 서비스를 제공하는 '엑스닷컴'을 시작하여 회사명을 '페이팔'로 바꾼 다음 '이베이'에 15억 달러(한화 1조 6,500억 원)에 매각하였다. 10년도 안 되는 짧은 시간에 두 번의 큰 성공을 거둔 그는 가슴에 품고 있던 큰 꿈을 위해 2002년 6월에 세 번째 회사인 우주 로켓회사 '스페이스엑스'를 설립하였다. 이 회사는 화성에 사람을 실어 나르기 위한 저가용 우주여행 발사체를 만들고 있다. 이어서 사람이 화성에 살기 위해 필요한 태양광 발전회사 '솔라시티'와   전기자동차회사 '테슬라 모터스'를 설립하였다. 이를 통하여 엘론 머스크가 바라보는 큰 그림은 무엇일까? 공식적으로는 8만여 명이 거주할 수 있는 화성 식민지를 2030년쯤 완성하겠다는 것이다. 비단 엘론 머스크 뿐만 아니 알리바바의 마윈 역시 세계적인 전자상거래를 넘어 미래의 인류 문제해결에 공헌할 기술개발에 나선다는 큰 생각을 갖고 이를 실행에 옮기고 있다.

3. 가장 비관적일 때 투자하라

세계적으로 큰 부를 축적한 기업가는 싸게 사서 비싸게 파는 방법을 아는 사람이다. 그러려면 어떻게 해야 하는가? 모든 사람이 극도의 공포를 느끼는 불황기 때 싸게 사서 가장 호황기에 비싸게 파는 방법이다. 그래야 막대한 이윤을 축적할 수 있다. 자수성가형 신흥부호에 오른 대부분 한국부자들과 세계적 투자가들이 한결같이 사용해온 방식이다.

그 중 250년의 유럽의 금융왕국을 거느린 로스차일드 가문의 네이선 차일드는 '거리에 피로 물들일 때마다 나는 사들였다'고 말하고 있고 특히 존 템플턴 경은 시장 불안감이 극대화 될 때마다 저가의 주식을 사는 것으로 유명하다. 1997년 IMF 외환금융위기가 터지자 나는 직감적으로 '외국투자가 중 아마 존 템플턴이 가장 먼저 한국에 투자할 것'이라고 예상했었다. 그런데 놀랍게도 1998년 4월, 한국의 주요 신문에 '세계적인 투자가인 존 템플턴 경이 한국주식에 투자를 했다'는 기사가 일제히 게재됐다. 그의 개인 돈 1천만 달러(당시 138억 원)를 삼성전자, 한전 등 한국의 우량주에 투자한 것이다. 당시 삼성전자가 3만 원대였으니 2년 만에 배 이상의 수익을 가져간 것이다. 그렇지만 존 템플턴 경이 실제 한국에 투자했을 때는 1997년 12월이었다고 술회하고 있다. 그때는 그냥 싼 주식이 아니라 '최고로 싼 주식'이었다. '비관론이 극도에 달할 때 주식을 사라.' 그의 널리 알려진 투자격언이다.

4. 복리의 힘을 믿어라

복리는 원금과 이자가 합해져서 가속도로 자산이 증가하는 것을 말한다. 세계적으로 많은 기업가가 이 복리의 힘을 이용하여 큰 부를 획득하였다. 세계 8대 불가사의라고 불리어질 정도로 복리의 힘과 효과는 매우 강력하고 크다. 독자의 이해를 쉽게 하기 위해 친숙한 예를 하나 소개한다.

당신이 한 마리의 거위를 기르고 있는데 이 거위는 매년 1개의 알을 낳는다.

1) 거위가 낳은 알을 빨리 요리해서 먹어 버리면, 당신은 앞으로도 매년 1개의 계란밖에 얻을 수 없다(이것을 '단리'라고 한다).

2) 거위가 낳은 알을 먹지 않고 참아 그 알을 부화시키면 이듬해 당신이 기르고 있는 거위가 2마리가 되어 이듬해부터 매년 2개의 계란을 손에 넣을 수 있다.

3) 입수한 2개의 달걀을 먹는 것을 참아 부화시키면 이듬해

당신은 4마리의 거위를 기르게 되고, 당신이 이듬해부터 손에 넣을 수 있는 달걀은 4개다.

이렇게 1개가 2개로, 2개가 4개로, 4개가 8개로 자산이 가속적으로 증가하는 것을 복리효과라고 한다. 복리를 계산하는 데는 72의 법칙이 있는 데 원금이 2배가 될 때까지의 기간을 간단하게 구하면 방법으로 72/연 수익률 = 기간(년), 72/기간(년) = 연 수익률로 계산할 수 있다.

이 복리방식을 기업에 적용해 보면 1개 기업보다 2개의 기업이, 2개 기업보다 4개 기업으로 계속 늘리게 되면 규모의 경제와 포트폴리오 분산을 기대할 수 있다. 또 공장의 매각 등으로 현금을 확보하여 다시 투자를 하고 여기에서 나온 수익을 또다시 계속 재투자하여 수익을 내는 방법도 복리방식을 응용한 예라고 할 수 있다. 성공한 기업가는 돈이 돈을 버는 복리의 법칙을 터득하고 실천에 옮기는 사람이다. 그러나 복리효과를 보려면 단기투자가 아니고 장기투자여야 한다.

5. 실패에서 배워라

사람들이 실패를 하지 않는 방법은 세 가지가 있다.

첫째, 아무런 행동을 하지 않을 때

둘째, 아무런 의사결정을 하지 않을 때

셋째, 아무런 노력을 하지 않을 때

그러나 실패라는 것은 누구에게도 싫은 것이지만 실패 없이는 성장과 성공은 없다. 성공한 사람은 과거의 실패를 낙관적 사고를 가지고 극복하였기에 성공할 수 있었다. 하지만 많은 사람들은 실패를 하면 '나는 안 돼'라고 자신을 비난하고 좌절해 버리거나 자포자기해 버린다. 실리콘밸리에서는 많은 시행착오를 장려하는 시스템이 완성되었다. 반면 한국은 두 번의 실패도 허용하지 않은 폐쇄적인 사회여서 실패에 대한 두려움이 매우 큰 편이다. 그러나 실패를 두려워해서는 안 된다. 인간이란 본래 성공보다 실수로부터 더 많은 것을 배우며 성장해 나가는 존재다. 빌 게이츠는 실패로부터 배우는 것을 잊지 않았다. 대신 '실패는 한번쯤, 아니 수천 번 할 수 있지만 같은 실수를 반복하는 것은 못난 사람'이라고 말하고 있다. 일본의 유니클로의 야나이 타다시 회장은 '성공한 사람은 실패를 경험하고, 그러면서도 낙관적으로 전진해 나가는 사람의 것'이라고 밝혔다.

사람이 처음 태어나 언어라는 것을 사용하기까지 수천, 수백만 번의 실패를 통해 제대로 이야기를 나눌 수 있게 된 것처럼 도전하고 실패하는 것을 반복하지 않으면 결코 인생은 앞으로 나아가지 못한다. 이처럼 실패는 도전의 산물에 불과하다. 성공한 기업가를 보면 실패를 도전의 기회로 삼거나 실패를 했으면 이를 인정하고 지금까지 경험해 보지 않은 좋은 경험이라고 긍정적으로 생각한다. 그들은 먼저 왜 실패를 하게 되었는지 원인을 분석한다.

실패원인으로는 1) 몰라서 하는 경우, 2) 배우지 못해서 하는 경우, 3) 부주의해서 하는 경우, 4) 잘못 판단해서 하는 경우가 있다. 이런 원인에 대해 실패에서 배울 수 있도록 스스로에게 질문을 던진다. 그래서 1) 실패발생은 어디에서 일어났고, 2) 하인리히 법칙처럼 작은 실패가 쌓여 큰 실패하게 된 것은 아닌지, 3) 혹시 잘못된 가정을 하지 않았는지, 4) 해결하려고 했던 방식이 올바른 것이었는지, 5) 동일한 상황에서 다른 어떤 대안이 없는지를 질문한다.

그런 다음 다시는 똑같은 실수를 반복하지 않기 위해 1) 단단히 메모에 남겨두고, 2)자기방식을 고집하지 않고 남의 의견을 들으며, 3) 새로운 지식을 배우거나, 4) 그들 스스로 남의 눈치를 보지 않고 과감히 포기하거나 철수를 결정하는 것이다.

6. 올바른 멘토를 두어라

많은 기업가들은 독립적이며 자신감이 넘치지만 기업경영에는 전문적인 기술뿐만 아니라 예측하지 못한 돌발변수들을 많이 안고 있다. 그때마다 어떻게 해야 할지 몰라 당황하거나 긴장하기 마련이다. 이럴 때를 대비해서 때때로 조언과 자문을 받을 수 있는 올바른 멘토를 가까이 두는 것이 중요하다. 올바른 멘토는 업계에 오랫동안 종사했거나 자신이 성공하고자 하는 부문에서 이미 성공을 거둔 존경할 만한 사람, 고객, 그리고 전혀 다른 비즈니스에 몸담고 있는 사람 등으로 정할 수 있다. 그런 다음 정기적으로 자리를 마련해서 어려움이 있었던 부분에 대해서 자문을 구하면 좋을 것이다. 세계적으로 많은 젊은 창업가들이 훌륭한 멘토 덕분에 성공을 할 수 있었는데 주로 학창시절의 스승이 그 역할을 하였다. HP의 창업자 휴렛과 팩커드가 그 대표적인 예다. 특히 미국의 대학교수들은 창업에 나서는 제자들을 돕는데 적극적이다.

그런데 대부분의 기업가는 모른다는 것을 부끄럽게 생각한다. 그래서는 안 된다. 모르면 모른다고 솔직히 인정하고 배우는 것이 어설프게 아는 것 보다 훨씬 멋지다. 기업인이라고 해서 모든 것을 다 잘 알 수는 없다. 아는 것보다 모르는 분야가 더 많을 수 있다. 모른다는 건, 어쩌면 그만큼 궁금하고 알고 싶은 것이 많다는 뜻이기도 하다. 그래서 가장 위험한 사람은 이제 다 배워서 더 이상 배울게 없다고 자만하는 사람이다. 배움이란 아무리 퍼내어도 샘솟는 우물과 같은 것이다. 주변에는 조금 안다고 우쭐대는 사람들이 있는데 그것은 그 사람이 아는 것 말고는 나머지는 다 모른다는 것과 같은 말이다. 다 안다면 왜 전문가가 있겠는가?

알리바바 그룹의 설립자 마윈은 성공 비결을 첫째, 돈이 없었기에 한 푼의 돈도 귀하게 사용했고, 둘째, IT 기술에 무지했기에 이 분야의 최고 인재들을 고용해 그들의 의견에 귀를 기울이며 나처럼 평범한 사람이 이해할 수 있도록 사이트를 쉽게 만들었으며, 셋째, 당초 계획을 세우지 않았기에 변화하는 세상에 발맞추어 변화해 갈 수 있었다고 말했다. 마윈은 정말 무지해서 사업에 용감했을까? 오히려 무지했기에 더 알고 싶어 했고 더 궁금해 했으며 비워버림으로써 객관적으로 바라보는 무지의 잠재력을 일찍 터득했던 것이다.

7. 좋은 습관을 가져라

성공은 큰 목표에서 온 것이 아니라 작은 행동과 반복에서 온다. 주변을 보면 '이대로는 안 된다'고 생각하면서도 좀처럼 행동으로 옮기지 않고 현재 상황에 그대 머무르는 사람이 의외로 많다. 행동하는 사람과 행동하지 않는 사람의 차이는 바로 습관의 힘에 있다. 성공한 기업가는 공통적으로 좋은 습관을 가진 사람들이다. 기업인에게 요구되는 좋은 습관과 재능 가운데 나는 좋은 습관이 재능을 앞서간다고 생각한 사람이다. 비록 능력이 뛰어나지 못해도 좋은 습관을 가진 사람은 매일 성장을 하면서 결국 재능 있는 사람을 제치고 앞서 나가게 된다는 것을 알게 되었다.

어떤 동기에서 획득된 습관은 좀처럼 사라지지 않고 나중에라도 나타나게 된다. 이를 심리학에서는 '습관의 기능적 자율성'Functional Autonomy 이라고 한다. 그만큼 한번 잘못된 습관은 고치기가 어렵고 동시에 좋은 습관을 길들이면 그만큼 오래갈 수 있다는 뜻이다. 그러므로 성공하기 위해서는 좋은 습관을 가지는 것이 중요한 포인트다. 그러나 좋은 습관이 몸으로 자동화되고 정형화되기 위해서는 수차례의 반복이 필요하다. 무의식적으로 나타날 때까지 계속 반복하다 보면 습관이 배이고 이것이 자신을 달라지게 한다.

기업가는 천성적으로 부지런하고 열심히 사는 좋은 습관을 가지고 있지만 그 중 성공하는 사람의 경우는 사람으로서 마땅히 해야 할 기본적인 원리원칙을 지키는 더 좋은 습관들을 가지고 있다. 예를 들면 '시간을 정확히 지키는 것, 뭔가 잘못했으면 바로 사과하는 것, 일이 끝난 뒤에는 그 결과를 사후 관리한 후 다음 차원으로 연결시키는 것' 등등이다. 인간은 반복을 하는 고등동물이다. 하등동물의 일상 행동을 지배하고 있는 것은 본능이지만 고등동물일수록 습관의 비중이 커진다고 한다. 좋은 습관의 비중이 커질수록 성공률이 높은 것은 기업가 세계에서도 당연하다.

8. 세상의 불균형을 찾아라

성공한 기업가는 항상 불균형에서 그 해답을 찾는다. 균형은 가장 바람직한 상태이지만 세상에는 완전한 균형이라는 게 없다. 균형이 이루어지려면 정보가 완전 공개되어야 하고 누구나 시장에 진입과 퇴출이 자유롭게 이루어져야 하는 등 일정조건을 갖추어야 한다. 그러나 이는 교과서적인 것으로 현실세계에서는 거의 존재하지 않는다. 그래서 경제학자인 폰 미제스나 이스라엘 커즈너 교수는 균형 상태나 완전경쟁 상태에서는 기업이 이윤을 내기가 어려워 기업가가 나올 수 없다고 주장한다.

불균형이란 지나치게 한쪽으로 자원이 배분되는 것을 말한다. 이러한 상태가 지속되면 균형을 유지하기 위한 수요가 발생하게 된다. 기업가는 이러한 수요를 민첩하게 찾아내어 성공을 거둔다. 마차산업이 쇠퇴하게 된 배경은 마차산업에 자원이 너무 치우쳐 이러한 불균형상태를 해소하고자 균형으로 이행하는 과정에서 철도산업이 생겨난 현상이라고 커즈너 교수는 주장하고 있다. 이 역할을 담당하는 사람이 다름 아닌 기업가들이 수행하고 있다. 주변을 보면 남이 알아보지 못하는 불균형과 갭이 곳곳에 숨어있다. 지역 불균형, 대기업과 중소기업 간의 불균형, 소득 불균형, 산업의 불균형 등 불균형이 사회적 화두가 될 정도다. 성공한 기업가는 거기에 큰 비즈니스의 기회가 있다고 보고 이를 찾아낸 사람이다. 그러나 불균형

을 해소하는 과정에 기회의 원천이 있다는 발상을 가진 기업가
가 주변에 얼마나 많이 있을까?

9. 변화에 신속히 대응하라

기업가는 변화를 찾고 변화에 기회가 있다고 믿는 사람이
다. 그 중 성공한 기업가는 남보다 뭔가 새롭고 다르게 변화
를 추구하는 사람들이다. 세상은 참으로 빨리 변하고 있다. 하
지만 변화의 흐름을 잘 포착한 기업가는 그리 많지 않다. GE
사 잭 웰치는 회사를 변화시키기 위해 제일 먼저 구조를 바
꿨다. 그리고 불필요한 모든 기업을 팔았다. 일본 IT의 대표
적 10대 기업의 총매출과 순이익의 2배를 만들어 낸 삼성전
자 이건희 회장의 경영키워드는 항상 앞선 변화와 혁신, 창조
의 정신으로 요약되고 있다.

한국의 경제발전과정에서 산업이 가발, 봉제, 중화학, 조선업
에서 점차 반도체, 바이오, 의료, ICT, 헬스, 인공지능, 항공
위성으로 옮겨가고 있는데도 기존의 방식을 고집한 나머지 변
화의 흐름을 쫓아가지 못한 기업은 도태되거나 경쟁력을 잃
고 있다. 변화에 신속히 대응하는 것이 그만큼 중요하다. 변

화는 꼭 시간적 변화만을 의미하는 것은 아니다. 고객의 변화를 읽어내는 것, 제품의 품질을 변화시키는 것 모두가 변화의 대상이다. 다이아몬드 원석을 가공하여 변화시키면 비싼 보석이 되듯이 모든 것은 변화를 거쳐야 빛나고 새로워지는 법이다. 그러자면 자신부터 바뀌어야 하고 자신이 반드시 그것을 바꾸겠다는 신념이 있어야 하며 자신이 변화시킬 수 있다는 의지가 있어야 한다. 고정된 물은 썩게 되어있다. 변화하지 않는다면 외부로부터 변화를 요구받게 된다. 변화는 내가 하기 싫더라도 어쩔 수 없는 환경 때문에 변화해야 한다. 성공한 기업가는 그 변화를 남보다 한발 더 빨리 받아들이고 변화에 신속하게 대응할 수 있어서 성공할 수 있었다.

10. 자신감을 지속하라

기업은 지속이 힘이다. 어떤 일을 성취하려면 시간과 노력이 필요하다. 그러나 시간과 노력은 기다리면 달성될 수 있지만 자신감은 시간이 흐른다고 해서, 노력한다고 해서 생긴 것이 아니다. 기업가가 처음 사업을 할 때는 목표와 꿈을 가지고 시작하지만 시간이 지나면서 의욕이 꺾이고 중도에 포기를 하게 된다. 그래서 기업가에게는 초지일관 흔들리지 않은 자신감을 갖는 것이 중요하다. 자신감이란 스스로를 믿는 것인데 과연 자신의 '무엇'을 믿는다는 뜻일까? 이는 두 가지 의미를 가진다. 하나는 자신의 능력과 성과를 믿는 자신감이다. 또 다른 하나는 자신이 하고 있는 것에 대한 가치와 의미를 확신하는 자신감이다. 전자가 '달성과 우열'을 지향하는 것이라면 후자는 '의미와 역할'을 지향한다. 대부분의 성공한 기업가는 후자처럼 자신의 능력에 대한 확신보다는 자기가 하고 있는 일에 대한 질적 가치에 큰 의미를 두고 있는 사람들이다. 자신에게 과연 능력이 있는지, 구체적 성과가 언제 나오고 언제 성공할지 등을 심각하게 생각하지 않고 스스로 하고 있는 행동에 강한 믿음을 갖고 난관을 극복하여 한결같이 성과를 만들어 낸 사람들이다.

몇 년 전의 일이지만 잘 아는 벤처기업 사장님과 만났을 때 더 이상 회사존속이 어려울 것 같다고 솔직히 털어놓았다. 지금까지는 일부 인원정리도 하고 사업규모를 줄여가면서 아슬아슬하게 견디고 있지만 사업전망이 밝지 않아 차라리 문을 닫고 홀가분하게 다시 출발하는 것이 어떤지 나의 생각을 물었다. 그 회사는 많은 특허권과 훌륭한 기술력을 가지고 있었다. 그래서 나는 '물론 사업이란 좋을 때가 있으면 어려울 때도 있는 법'이라면서 중요한 것은 사장님이 창업 당시의 뜻을 버리지 않고 하고자 하는 일에 대한 자신감을 여전히 가지고 있는지를 되물었다.

보름이 지난 후 다시 그 사장님한테 연락이 왔다. 문을 닫지 않고 사업을 계속할 것이라고. 그 사장님한테는 '능력과 성과에 대한 자신감'은 없었지만 '자신이 하고 있는 것에 대한 자신감'은 강하게 가지고 있었던 것이다. 그 사장님은 회사를 정상궤도에 올리는 비즈니스의 승부에는 일단 졌다. 그러나 졌다고 거기서 끝은 아니다. 지는 것은 끝이 아니며 그만두는 것이 끝인 것이다. 그 회사는 지금도 계속기업으로서 꾸준히 성장하고 있다.

이처럼 자신감은 무엇보다도 '끈기' Grit를 낳는다. 자신이 가치를 찾는 일이니까 끈기가 생기고 실패에도 굴하지 않는다. 실패하면 다시 시작하면 된다. 내가 지금까지 보아온 성공한 기업가에게 공통되는 요소 중 하나는 '매일 같은 것을 반복해도 질리지 않는 사람'이다. 즉, 루틴 워크 Rountine work를 잘하는 사람이다. 자신감과 목표가 있기 때문에 일을 반복해도 지루하지 않은 것이다. 그런 자신감을 갖기 위한 가장 효과적인 방법은 매사에 긍정적인 믿음을 많이 가지는 것이다.

위에서 살펴본 10가지가 내가 생각하는 끝까지 살아남는 기업의 성공비결이다. 한때 잘 나가는 사람일지라도 말년이 좋지 않으면 불행하게 되듯이 기업가 역시 중도에 그만두면 아무런 의미가 없다. 끝까지 살아남아야 진정으로 성공한 것이다. 그런 점에서 비록 실패를 하더라도 포기하지 않는 마음자세와 끈기가 중요하다. 기업가에게 포기란 가장 무서운 질병과 같은 것이다.

결론적으로 이 책에서 내가 강조한 메시지는 부자들도 그렇지만 살아남는 성공한 기업가 역시 생각, 습관, 역량 및 자원에서 남들과 차이가 있다. 그 차이를 배우고 익히려면 스스로가 관찰하고, 혁신하며 행동으로 옮겨야 한다는 점이다. 그래야만 일시적인 성공이 아니라 진정으로 성공하는 것이다. 행복과 성공은 언제나 자신을 피한다고 하지만 그것은 남으로부터 주어진다고 생각하기 때문이다. 자신이 만드는 행복과 성공은 결코 저버리지 않는 법이다.

끝까지 살아남기

발행일 2018년 3월 16일 초판 1쇄

지은이 최길현

발행인 이용기

디자인 및 편집 이경옥, 김근영

발행처 주식회사 도야

출판등록 1993년 3월 6일 제2-1506호

인쇄 주식회사 도야

주소 서울시 중구 서애로5길 20

전화 02-2268-9903 ㅣ **팩스** 02-2269-1543

ISBN 978-89-87796-04-8 13190

이 도서의 국립중앙도서관 출판시도서목록(CIP)은 서지정보유통지원시스템 홈페이지(http://seoji.nl.go.kr)와 국가자료공동목록시스템(http://www.nl.go.kr/kolisnet)에서 이용하실 수 있습니다.
CIP제어번호 : 2018007477